BLITZ DESSERTS

150 leckere Rezepte – Bild für Bild schnell und einfach zubereitet

Fotos von Emanuela Cino

Mélanie Martin

BLITZ DESSERTS

150 leckere Rezepte – Bild für Bild schnell und einfach zubereitet

BLITZ DESSERTS

150 leckere Rezepte – Bild für Bild schnell und einfach zubereitet

Diese Rezeptsammlung richtet sich an alle, die wenig Zeit haben und trotzdem nicht auf leckere und abwechslungsreiche Desserts verzichten möchten. Denn das Prinzip ist ebenso schnell wie einfach. Wählen Sie aus 150 köstlichen Rezepten, die Sie aus einer Handvoll Zutaten und mit nur wenigen Handgriffen zubereiten können: von Crêpes und Waffeln, Eis- und Obst-Desserts, über Cremes und Joghurt, kleine Kuchen und Tartes bis hin zu Getränken wie Smoothies, die sich auch als kleine Zwischenmahlzeit eignen.

Viel Spaß beim Nachmachen und Genießen!

ANLEITUNG

Die Rezepte bestehen hauptsächlich aus Bildern. So überblicken Sie die Zutaten sowie die einzelnen Arbeitsschritte blitzschnell, ohne viel lesen zu müssen.

Die Zutaten kommen dabei nacheinander auf den Teller: Die erste Zutat von unten zuerst, dann die zweite, die dritte, die vierte und je nachdem schließlich noch das berühmte „i-Tüpfelchen“, das sich immer ganz oben auf der Seite befindet.

Lassen Sie sich von den Arbeitsschritten oder falls nötig den Hinweisen zu möglichen Ruhezeiten leiten oder betrachten Sie einfach das Foto ganz genau, es spricht meist für sich.

Noch ein Tipp: Fotografieren Sie Ihre Lieblingsseiten aus diesem Buch mit Ihrem Smartphone – so haben Sie beim nächsten Einkauf gleich Ihre Einkaufsliste dabei!

INHALT

150 leckere Rezepte – Bild für Bild schnell und einfach zubereitet

CRÊPES UND WAFFELN

Crêpes – Grundrezept 8
Crêpes mit gemischten Beeren 9
Crêpes mit Apfel und Haselnüssen 10
Crêpes mit Nuss-Nugat-Creme und Karamell 12
Crêpes mit Birne und Schokolade 13
Crêpes Suzette 14
Crêpetaschen mit Aprikose und Sahne 15
Crêpetaschen mit Birnen und Studentenfutter 16
Waffeln – Grundrezept 17
Waffeln mit Maronencreme 18
Waffeln mit Heidelbeeren und Pfirsichen 19
Waffeln am Stiel mit Schokolade 20
Waffeln mit Banane und Sahne 21
Waffeln mit Schokokeks und Banane 22
Waffeln mit Himbeeren und Kiwi 23
Waffeln mit Clementinen 24
Waffeln mit Erdbeeren und Sahne 25

ARME RITTER UND PAINS PERDUS

Arme Ritter – Grundrezept 26
Arme Ritter mit Feigen und Walnüssen 28
Arme Ritter mit Beeren 29
Arme Ritter mit Banane und Nuss-Nugat-Creme 30
Pain perdu – Grundrezept 31
Pain perdu mit Dulce de Leche 32
Pain perdu mit gedünsteten Trauben 33
Pain perdu mit Birne und Schokolade 34
Pain perdu mit Mangoeis 35

TÖRTCHEN & CO.

Mug Cake mit weißer Schokolade 36
Mug Cake mit Brombeeren 37
Mug Cake mit gesalzenem Karamell 38
Mug Cake mit Schokolade 39
Mug Cake mit Himbeeren 40
Bowl Cake mit Schokolade und Maronen 41
Bowl Cake mit Nugat und Dulce de Leche 42
Bowl Cake mit Pekannuss und Karamell 43
Grissini mit Schokolinsen 44
Cornflakes-Kekse 45
Brownies mit Nuss-Nugat-Creme 46
Schokokugeln 47
Kokoskugeln 48
Tartelettes mit Maronencreme 49
Tartelettes mit Erdbeeren 50
Tartelettes mit Bananen und Erdbeereis 51
Tartelettes mit Mokkaeis 52
Tartelettes mit Heidelbeeren 53
Keks-Creme mit Lemon Curd 54
Kuchenwürfel mit weißer Schokolade 55
Kuchenwürfel mit Haselnüssen 56
Quark mit Schokolade und Walnüssen 57
Schwarzwaldbecher reloaded 58
Madeleines mit Schokolade und Kokos 59
Mont blanc reloaded 60
Windbeutel mit Spekulatiuscreme 61
Windbeutel mit Himbeer-Pistazien-Füllung 62
Mikado-Stäbchen 63
Erdbeer-Dessert im Glas 64

Erdbeer-Cheesecake ... 65
Johannisbeer-Dessert ... 66
Schokokeks-Dessert mit Erdbeeren ... 67
Birnen-Dessert ... 68
Erdbeer-Madeleine-Dessert ... 69
Baiser-Dessert ... 70

CREME-DESSERTS

Pannacotta – Grundrezept ... 71
Pannacotta mit Clementinen ... 72
Himbeer-Mousse ... 73
Nuss-Nugat-Mousse ... 74
Pannacotta mit Passionsfrucht ... 75
Kokos-Mango-Creme ... 76
Maronen-Mousse ... 77
Nektarinen-Pannacotta ... 78
Schokoladen-Mousse mit Knusperstückchen ... 79
Kokoscreme mit Kiwi ... 80

OBST-DESSERTS

Kiwispieße mit Schokolade und Sesam ... 81
Bananenspieße mit Schokolade und Walnüssen ... 82
Karamell-Pfirsich im Glas ... 83
Himbeerquark im Glas ... 84
Bananen mit knusprigem Karamell ... 85
Himbeersuppe mit Pistazien ... 86
Apfel-Carpaccio ... 87
Aprikosensuppe mit Basilikum ... 88
Birnen mit Dulce de Leche ... 89
Honigkuchen-Toasts ... 90
Melonen-Gazpacho mit Johannisbeeren ... 91
Himbeer-Pastetchen ... 92
Pampelmusen-Carpaccio ... 93
Erdbeer-Carpaccio ... 94
Ananas-Carpaccio ... 95
Sommerfrüchte im Pergamentmantel ... 96
Bananen im Pergamentmantel ... 97
Erdbeer-Mango-Obstsalat ... 98
Birnen in Rotwein-Sud ... 99
Tartare aus exotischen Früchten ... 100
Litschis in Sirup ... 101
Nektarinen in Teesud ... 102
Obstsalat aus exotischen Früchten ... 103
Obstsalat aus Zitrusfrüchten ... 104
Mango mit Kokossauce ... 105
Feigen mit Vanilleeis ... 106
Schichtkäse mit Beerensauce ... 107
Clementinen mit Schokoüberzug ... 108
Pflaumen auf Schafsmilchjoghurt ... 109
Winterfrüchte aus dem Ofen ... 110
Apfelauflauf mit Zimt ... 111
Pavlova mit Beeren ... 112
Tiramisu mit Himbeeren ... 113
Aprikosen-Mousse ... 114
Bratäpfel ... 115
Keksspieße mit Früchten ... 116
Mango mit Honigkuchen ... 117
Eiswaffel mit Beeren und Sahne ... 118
Energy Balls mit Datteln ... 119
Energy Balls mit Pistazien und Kokos ... 120

EIS-DESSERTS

Joghurteis mit Knuspermüsli ... 121
Joghurteis mit Kokos ... 122
Joghurteis mit Honig ... 123
Joghurteis mit Pistazien ... 124
Joghurteis mit Heidelbeeren ... 125
Himbeersorbet ... 126
Pekannusseis mit Dulche de Leche ... 127
Aprikosensorbet mit Mandelmus ... 128
Bananeneis mit Erdnüssen ... 129
Erdbeereis mit Mascarpone ... 130
Pistazieneis am Stiel ... 131
Eis-Kekse mit Schokostreuseln ... 132
Eis mit Baiser und Beeren ... 133
Mangoeis am Stiel ... 134
Windbeutel mit Minzschokolade ... 135
Vanilleeis mit Himbeeren und Müsli ... 136
Joghurteis mit Bananen und Keksen ... 137
Kokoseis mit Erdbeeren und Minze ... 138
Schokoladeneis mit Cookies ... 139
Vanille-Nuss-Eis mit Karamell ... 140
Pfirsich Melba mit Himbeeren ... 141
Winterbecher mit Apfelkompott ... 142

SMOOTHIES

Smoothie aus Banane und Erdnusscreme ... 143
Smoothie aus Erdbeeren, Banane und Mango ... 144
Smoothie aus Aprikosen, Orangen und Himbeeren ... 145
Smoothie à la Apple Pie ... 146
Smoothie aus Erdbeeren und Kokosraspeln ... 147
Smoothie à la Piña Colada ... 148
Smoothie aus Bananen und Haferflocken ... 149
Smoothie aus Beeren ... 150

MILCHSHAKES

Milchshake aus Himbeeren ... 151
Milchshake mit Vanille ... 152

HEISSE SCHOKOLADE

Heiße Schokolade mit Marshmallows ... 153
Weiße Schokolade mit Gewürzen ... 154
Heiße Schokolade mit Sahne ... 155

Register ... 157

50 g Butter
750 ml Milch
300 g Mehl
3 Eier
3 EL Vanillezucker

Butter schmelzen und Milch erwärmen.

Mehl in eine Rührschüssel geben, Eier und Vanillezucker mit dem Mixer unterrühren.

Nach und nach die lauwarme Milch hinzufügen und alles bei niedriger Stufe verrühren. Die geschmolzene Butter unterrühren.

Den Teig 2 Stunden ruhen lassen.

Etwas Öl in eine Pfanne geben und die Crêpes darin goldbraun backen.

CRÊPES

Rezept für 4 Personen

8 EL
gemischte Beeren, aufgetaut

4 EL
Mascarpone

4 EL
Himbeerkonfitüre

4
Crêpes
(siehe linke Seite)

4. *Auf jeden Crêpe 2 EL geben.*

3. *Jeden Crêpe mit 1 EL bestreichen.*

2. *Jeden Crêpe mit 1 EL bestreichen.*

1. *Auf jeden Teller 1 Crêpe legen.*

CRÊPES

mit gemischten Beeren (für 4 Personen)

Jeden Crêpe mit 1 EL bestreuen.

5.

4 EL
gehackte Haselnusskerne

Auf jeden Crêpe 1 Portion geben.

4.

4 Portionen
geschlagene Sahne

Auf den Crêpes verteilen.

3.

1
roter Apfel, in dünne Scheiben geschnitten

Auf jeden Crêpe 1 EL verstreichen.

2.

4 EL
Apfelkompott

Auf jeden Teller 1 Crêpe legen.

1.

4
Crêpes
(siehe Seite 8)

CRÊPES

mit Apfel und Haselnüssen (für 4 Personen)

CRÊPES

mit Banane und Müsli (für 4 Personen)

4
Crêpes
(siehe Seite 8)

2
Bananen, in Scheiben geschnitten

4 EL
flüssiger Honig

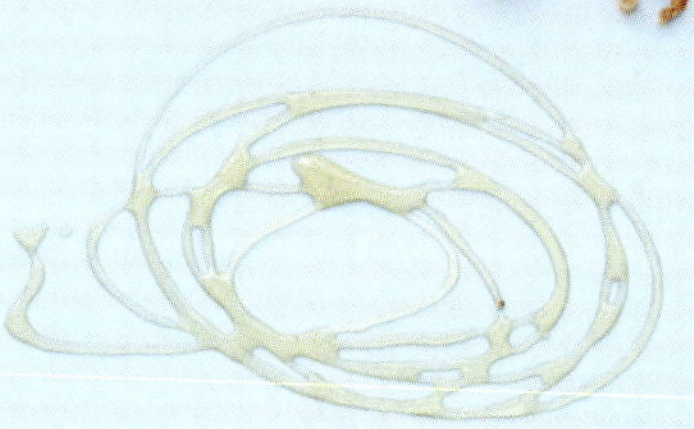

4 EL
Müsli

1. *Auf jeden Teller 1 Crêpe legen.*
2. *Auf den Crêpes verteilen.*
3. *Auf jeden Crêpe 1 EL geben.*
4. *Jeden Crêpe mit 1 EL bestreuen.*

CRÊPES

mit Nuss-Nugat-Creme und Karamell (für 4 Personen)

1. *Auf jeden Teller 1 Crêpe legen.*

4
Crêpes
(siehe Seite 8)

2. *Auf jeden Crêpe 1 EL geben.*

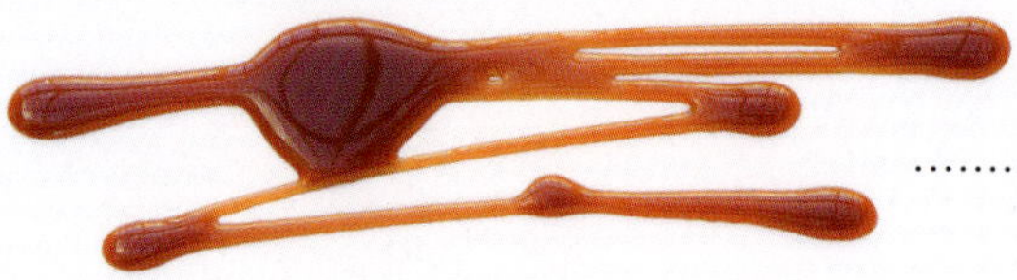

4 EL
gesalzene Karamellsauce

3. *Auf jeden Crêpe 1 EL verteilen.*

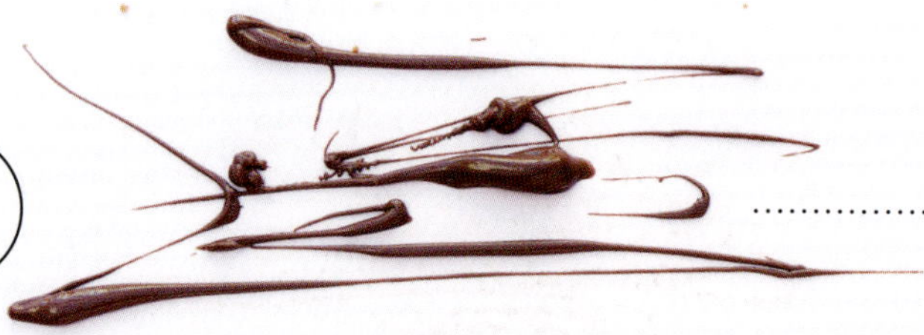

4 EL
Nuss-Nugat-Creme

4. *Jeden Crêpe mit 1 TL bestreuen.*

4 TL
Pralin
(ersatzweise Krokant)

4 EL
gehackte Haselnusskerne

8 EL
geschmolzene
Zartbitterschokolade

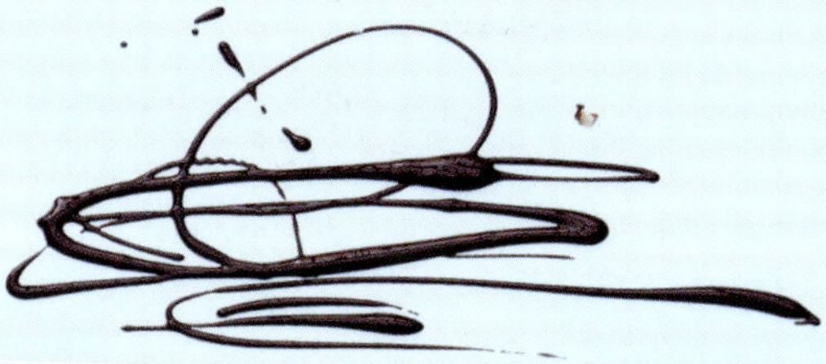

2
reife Birnen,
in dünne
Spalten geschnitten

4
Crêpes
(siehe Seite 8)

1. *Auf jeden Teller 1 Crêpe legen.*
2. *Auf den Crêpes verteilen.*
3. *Auf jeden Crêpe 2 EL geben.*
4. *Jeden Crêpe mit 1 EL bestreuen.*

CRÊPES

mit Birne und Schokolade (für 4 Personen)

Jeden Crêpe mit 1 EL beträufeln.

4.

4 EL
geschmolzene Zartbitterschokolade

Jeden Crêpe mit 1 EL bestreichen.

3.

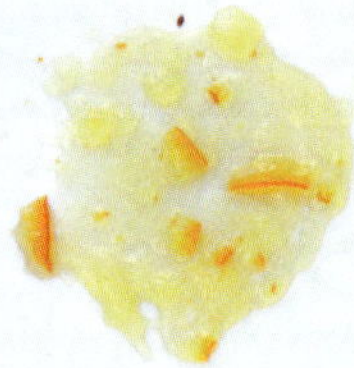

4 EL
Orangenmarmelade

Auf jeden Crêpe 20 ml gießen.

2.

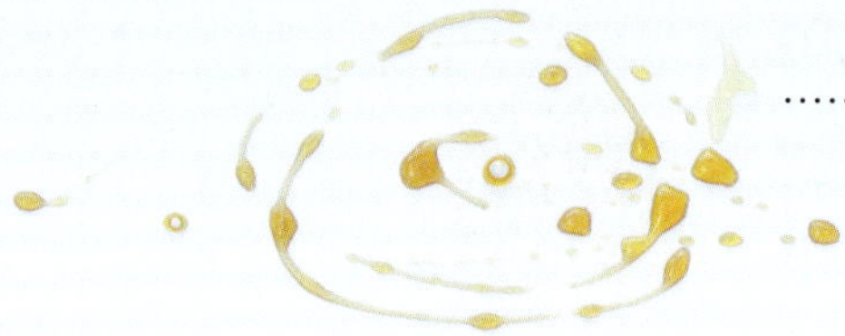

80 ml
Orangenlikör, flambiert

Auf jeden Teller 1 Crêpe legen.

1.

4
Crêpes
(siehe Seite 8)

CRÊPES

Suzette (für 4 Personen)

CRÊPETASCHEN

mit Aprikose und Sahne (für 4 Personen)

4 TL
gehobelte Mandeln, geröstet

4 EL
geschmolzene Zartbitterschokolade

4 Portionen
geschlagene Sahne

5
Aprikosen, halbiert

4
Crêpes (siehe Seite 8)

1. *Auf jeden Teller 1 Crêpe legen.*
2. *Auf den Crêpes verteilen.*
3. *Auf jeden Crêpe 1 Portion geben.*
4. *Jeden Crêpe mit 1 EL beträufeln.*
5. *Jeden Crêpe mit 1 TL bestreuen.*

Die gefüllten Crêpes jeweils mit einem Holzspieß verschließen.

Die gefüllten Crêpes jeweils mit einem Holzspieß verschließen.

4. *Jeden Crêpe mit 1 EL beträufeln.*

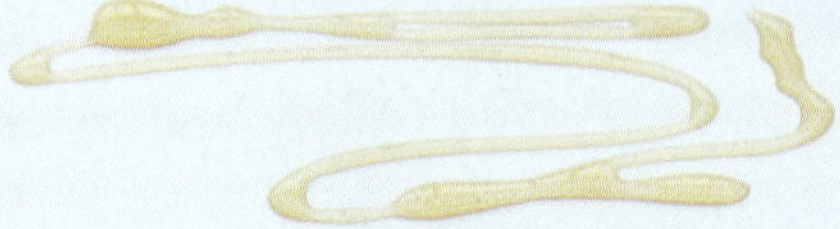

4 EL flüssiger Honig

3. *Auf jeden Crêpe 1 EL verteilen.*

4 EL Studentenfutter

2. *Auf jeden Crêpe 100 g geben.*

400 g Birnenkompott

1. *Auf jeden Teller 1 Crêpe legen.*

4 Crêpes (siehe Seite 8)

CRÊPETASCHEN

mit Birnen und Studentenfutter (für 4 Personen)

160 g Mehl
1 Päckchen Backpulver
1 Prise Salz
4 Eigelb
200 ml Milch
1 TL Vanillearoma
4 TL Sonnenblumenöl
4 Eiweiß

Mehl mit Backpulver und Salz vermischen.

Eigelbe unterrühren. Nach und nach die Milch unterrühren, bis ein glatter Teig entsteht.

Vanillearoma und Sonnenblumenöl hinzufügen.

Eiweiße zu steifem Schnee schlagen und in zwei Portionen vorsichtig unterheben.

Den Teig 30 Minuten ruhen lassen.

Das Waffeleisen erhitzen, falls nötig mit Öl fetten und eine kleine Kelle Teig einfüllen.

Das Waffeleisen schließen und den Teig etwa 2 Minuten backen.

WAFFELN

(für 4 Personen)

Jede Waffel mit 1 EL bestreuen. **5.**

4 EL
gehobelte Mandeln, geröstet

Jede Waffel mit 1 EL bestäuben. **4.**

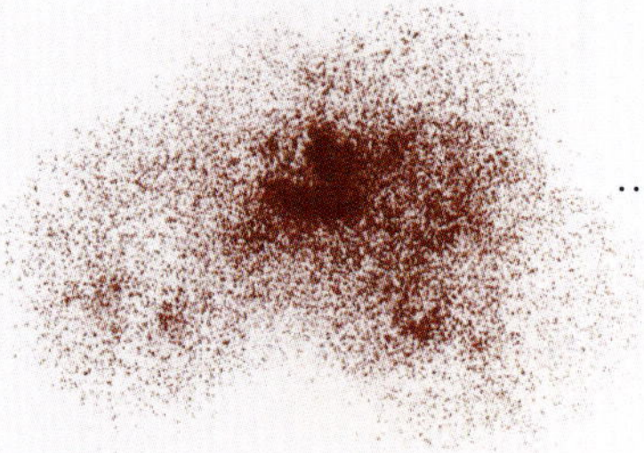

4 EL
Kakaopulver

Auf jede Waffel 1 Portion geben. **3.**

4 Portionen
geschlagene Sahne

Jede Waffel mit 1 EL bestreichen. **2.**

4 EL
Maronencreme

Auf jeden Teller 1 Waffel legen. **1.**

4
Waffeln
(siehe Seite 17)

WAFFELN

mit Maronencreme (für 4 Personen)

WAFFELN

mit Heidelbeeren und Pfirsichen (für 4 Personen)

4 EL
Ahornsirup

4 EL
Heidelbeeren

2
Pfirsiche aus der Dose, in dünne Scheiben geschnitten

240 g
Vanillejoghurt

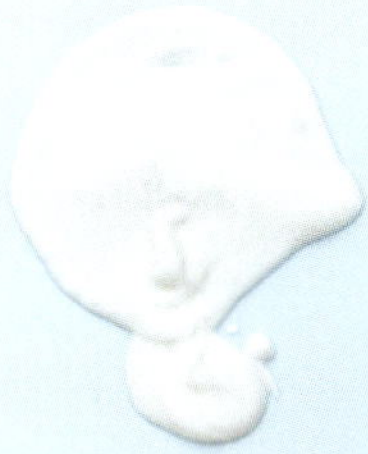

4
Waffeln
(siehe Seite 17)

1. *Auf jeden Teller 1 Waffel legen.*
2. *Jede Waffel mit 60 g bestreichen.*
3. *Auf den Waffeln verteilen.*
4. *Auf jede Waffel 1 EL geben.*
5. *Jede Waffel mit 1 EL beträufeln.*

WAFFELN

am Stiel mit Schokolade (für 4 Personen)

4 EL
Pralin (ersatzweise Krokant)

100 g
geschmolzene Zartbitterschokolade

4
Waffeln, halbiert (siehe Seite 17)

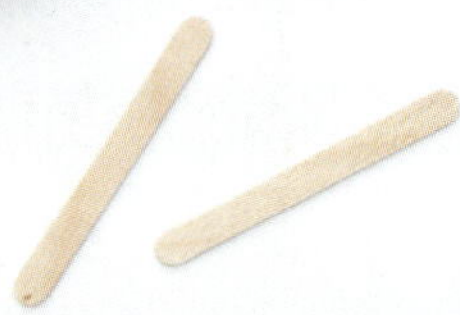

8
Holzstäbchen

1. *Auf die Holzstäbchen spießen.*
2. *Die Waffeln eintauchen.*
3. *Jede Waffel mit ½ EL bestreuen.*

WAFFELN

mit Banane und Sahne (für 4 Personen)

16 gehackte Pekannusskerne

4 EL geschmolzene Zartbitterschokolade

4 Portionen geschlagene Sahne

2 Bananen, in Scheiben geschnitten

4 Waffeln, halbiert (siehe Seite 17)

1. *Auf jeden Teller 2 Waffelhälften legen.*
2. *Auf den Waffeln verteilen.*
3. *Auf jede Waffel 1 Portion geben.*
4. *Jede Waffel mit 1 EL überziehen.*
5. *Die Waffeln damit bestreuen.*

5. Jede Waffel mit 1 EL beträufeln.

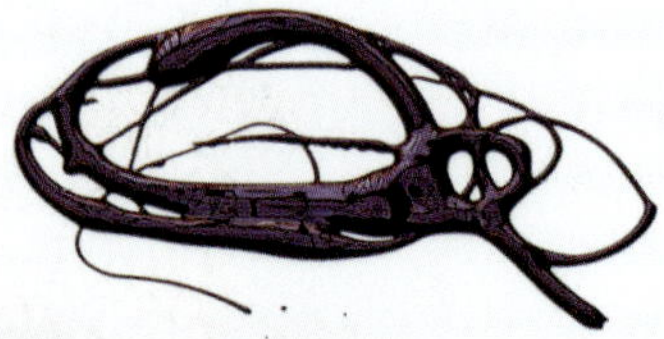

4 EL geschmolzene Zartbitterschokolade

4. Die Waffeln damit bestreuen.

8 Schokoladenkekse mit Vanillecremefüllung, zerkrümelt

3. Auf den Waffeln verteilen.

2 Bananen, in Scheiben geschnitten

2. Auf jede Waffel 1 Portion geben.

4 Portionen geschlagene Sahne

1. Auf jeden Teller 2 Waffelhälften legen.

4 Waffeln, halbiert (siehe Seite 17)

WAFFELN

mit Schokokeks und Banane (für 4 Personen)

WAFFELN

mit Himbeeren und Kiwi (für 4 Personen)

4 EL Chiasamen

24 Himbeeren

4 Kiwis, in Scheiben geschnitten

4 TL Rohrohrzucker
+
4 EL Mascarpone

4 Waffeln (siehe Seite 17)

1. *Auf jeden Teller 1 Waffel legen.*
2. *Vermengen und auf den Waffeln verstreichen.*
3. *Auf den Waffeln verteilen.*
4. *Auf den Waffeln verteilen.*
5. *Die Waffeln damit bestreuen.*

Die Waffeln damit bestreuen. 5. — Schale von **1** Bio-Zitrone

Jede Waffel mit 1 EL beträufeln. 4. — **4 EL** gesalzene Karamellsauce

Auf den Waffeln verteilen. 3. — **4** Clementinen, in Stücke geteilt

Auf jede Waffel 1 Portion geben. 2. — **4 Portionen** geschlagene Sahne

Auf jeden Teller 1 Waffel legen. 1. — **4** Waffeln (siehe Seite 17)

WAFFELN

mit Clementinen (für 4 Personen)

WAFFELN

mit Erdbeeren und Sahne (für 4 Personen)

4 EL Schokoladen-streusel

20 Erdbeeren, geviertelt

4 Portionen geschlagene Sahne

4 Waffeln (siehe Seite 17)

1. *Auf jeden Teller 1 Waffel legen.*
2. *Auf jede Waffel 1 Portion geben.*
3. *Die Waffeln damit belegen.*
4. *Jede Waffel mit 1 EL bestreuen.*

2 Eier
100 ml Milch
10 g Zucker
30 g Butter
12 Scheiben altbackenes Brot
2 EL Puderzucker zum Bestreuen

Eier mit Milch und Zucker verquirlen.

Die Brotscheiben darin einweichen.

Butter in einer Pfanne schmelzen und die Brotscheiben darin von jeder Seite 2 Minuten backen.

Aus der Pfanne nehmen und mit Puderzucker bestreuen.

ARME RITTER

Rezept für 4 Personen

ARME RITTER

mit Vanilleeis und Heidelbeeren (für 4 Personen)

4 Kugeln
Vanilleeis

3. Auf jeden Teller 1 Kugel geben.

4 EL
Heidelbeeren

2. Auf den Armen Rittern verteilen.

12 Scheiben
Arme Ritter
(siehe Seite 26)

1. Auf 4 Teller verteilen.

Die Armen Ritter mit 2 EL beträufeln.

4.

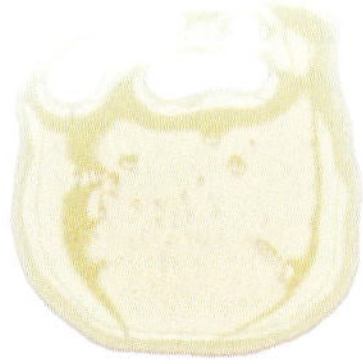

8 EL
flüssiger Honig

Auf den Armen Rittern verteilen.

3.

4 EL
gehackte Walnusskerne

Auf jede Scheibe 1 Viertel legen.

2.

3
Feigen, geviertelt

Auf 4 Teller verteilen.

1.

12 Scheiben
Arme Ritter
(siehe Seite 26)

ARME RITTER

mit Feigen und Walnüssen (für 4 Personen)

8 EL
Puderzucker

3. Die Armen Ritter damit bestäuben.

8 EL
gemischte Beeren

2. Auf die Teller verteilen.

12 Scheiben
Arme Ritter
(siehe Seite 26)

1. Auf 4 Teller verteilen.

ARME RITTER

mit Beeren (für 4 Personen)

Auf den Armen Rittern verteilen. **3.** — **2** Bananen, in Scheiben geschnitten

Die Armen Ritter damit überziehen. **2.** — **4 EL** Nuss-Nugat-Creme

Auf 4 Teller verteilen. **1.** — **12 Scheiben** Arme Ritter (siehe Seite 26)

ARME RITTER

mit Banane und Nuss-Nugat-Creme (für 4 Personen)

2 Eier
100 ml Milch
10 g Zucker
30 g Butter
4 Scheiben altbackene Brioche*
Puderzucker, Ahornsirup oder Honig zum Garnieren

Eier mit Milch und Zucker verquirlen.

Die Brioche-Scheiben darin einweichen.

Butter in einer Pfanne schmelzen und die Brioche-Scheiben darin von jeder Seite 2 Minuten backen.

Aus der Pfanne nehmen und mit Puderzucker, Ahornsirup oder Honig garnieren.

* französisches Hefegebäck

PAIN PERDU

Rezept für 4 Personen

Jede Scheibe mit 1 EL bestreuen.

4.

4 EL
gehackte Pekannnusskerne

Auf jede Scheibe 1 Portion geben.

3.

4 Portionen
geschlagene Sahne

Auf jede Scheibe 1 EL träufeln.

2.

4 EL
Dulce de Leche

Auf jeden Teller 1 Scheibe legen.

1.

4 Scheiben
Pain perdu
(siehe Seite 31)

PAIN PERDU

mit Dulce de Leche (für 4 Personen)

4 EL
flüssiger Honig

3. Jede Scheibe mit 1 EL überziehen.

30 g
Butter

+

400 g
Weintrauben

2. In einer Pfanne 2 Minuten dünsten und auf den Scheiben verteilen.

4 Scheiben
Pain perdu
(siehe Seite 31)

1. Auf jeden Teller 1 Scheibe legen.

PAIN PERDU

mit gedünsteten Trauben (für 4 Personen)

Jede Scheibe mit 1 zerbröselten Spekulatius bestreuen.

4.

4
Spekulatius, zerbröselt

Schmelzen und auf den Scheiben verteilen.

3.

100 g
Zartbitter-schokolade

Auf jede Scheibe 60 g geben.

2.

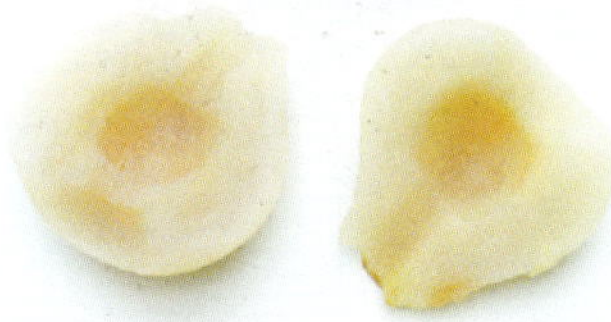

240 g
Birnen aus der Dose, abgetropft und in dünne Scheiben geschnitten

Auf jeden Teller 1 Scheibe legen.

1.

4 Scheiben
Pain perdu
(siehe Seite 31)

PAIN PERDU

mit Birne und Schokolade (für 4 Personen)

PAIN PERDU

mit Mangoeis (für 4 Personen)

1
kleiner Granatapfel

4 Kugeln
Mangoeis

4 Scheiben
Pain perdu
(siehe Seite 31)

1. *Auf jeden Teller 1 Scheibe legen.*
2. *Auf jede Schreibe 1 Kugel geben.*
3. *Die Kerne darüberstreuen.*

MUG CAKE

mit weißer Schokolade (für 1 Person)

40 g
weiße Schokolade, gehackt

1 EL
Cranberrys

2 EL
Mehl

1 Prise
Backpulver

1
Ei

1 EL
Rohrzucker

30 g
geschmolzene Butter

1. *In eine Tasse geben und in der Mikrowelle schmelzen lassen.*

2. *Die restlichen Zutaten zur Schokolade geben, verrühren und 1 Minute bis 1 Minute 30 Sekunden in der Mikrowelle backen (750 Watt).*

3 EL
Mehl

\+

1 Prise
Backpulver

\+

2 EL
Zucker

\+

1 EL
Pflanzenöl

\+

3 EL
Milch

\+

1 EL
Brombeeren, frisch
oder tiefgekühlt

1. *In eine Tasse geben, verrühren und 1 Minute bis 1 Minute 30 Sekunden in der Mikrowelle backen (750 Watt).*

MUG CAKE

mit Brombeeren (für 1 Person)

1 EL
Rohrzucker
+
30 g
geschmolzene Butter, leicht gesalzen
+
1
Ei
+
2 EL
Mehl
+
1 Prise
Backpulver
+
1 EL
gesalzene Karamellsauce
+
1 EL
Schokoladentröpfchen

1.

In eine Tasse geben, verrühren und 1 Minute bis 1 Minute 30 Sekunden in der Mikrowelle backen (750 Watt).

MUG CAKE

mit gesalzenem Karamell (für 1 Person)

40 g
Zartbitterschokolade

30 g
Butter, leicht gesalzen

1
Ei

+

1 EL
Zucker

+

1 Prise
Backpulver

+

2 EL
Mehl

1. *In eine Tasse geben.*

2. *In der Mikrowelle schmelzen, mit den anderen Zutaten verrühren und 1 Minute bis 1 Minute 30 Sekunden in der Mikrowelle backen (750 Watt).*

MUG CAKE

mit Schokolade (für 1 Person)

Verrühren und 1 Minute bis 1 Minute 30 Sekunden in der Mikrowelle backen (750 Watt).

3.

2.

Die geschmolzenen Zutaten ebenfalls in die Tasse füllen.

1.

In eine Tasse geben.

30 g
geschmolzene Butter
+
30 g
geschmolzene weiße Schokolade

1 EL
Zucker
+
1
Ei
+
1 Prise
Backpulver
+
2 EL
Mehl
+
10
Himbeeren, tiefgekühlt

MUG CAKE

mit Himbeeren (für 1 Person)

4 TL
Maronencreme

+

1 EL
Milch

+

1
Ei

+

1 Prise
Backpulver

+

1 EL
Zucker

+

2 EL
Mehl

30 g
Butter

+

40 g
Zartbitterschokolade

1. *In eine Schale füllen und in der Mikrowelle schmelzen.*

2. *Hinzufügen, verrühren und 2 Minuten in der Mikrowelle backen (750 Watt).*

BOWL CAKE

mit Schokolade und Maronen (für 1 Person)

BOWL CAKE

mit Nugat und Dulce de Leche (für 1 Person)

30 g Butter
+
40 g Nugatschokolade

1. *In eine Schale füllen und in der Mikrowelle schmelzen.*

4 TL Dulce de Leche
+
1 EL Milch
+
1 Ei
+
1 EL Zucker
+
2 EL Mehl
+
1 Prise Backpulver

2. *Hinzufügen, verrühren und 2 Minuten in der Mikrowelle backen (750 Watt).*

10
gehackte
Pekannusskerne

+

1 EL
Milch

+

1
Ei

+

1 EL
Zucker

+

1 Prise
Backpulver

+

2 EL
Mehl

2. Hinzufügen, verrühren und 2 Minuten in der Mikrowelle backen (750 Watt).

30 g
Butter

+

40 g
Karamell-
schokolade

1. In eine Schale füllen und in der Mikrowelle schmelzen.

BOWL CAKE

mit Pekannuss und Karamell (für 1 Person)

Auf den Grissini verteilen. **2.**

50 g
Schokolinsen

Grissini zu drei Vierteln eintauchen. **1.**

150 g
geschmolzene
Zartbitterschokolade

20
dicke Grissini

GRISSINI

mit Schokolinsen (für 4 Personen)

60 g
Cornflakes

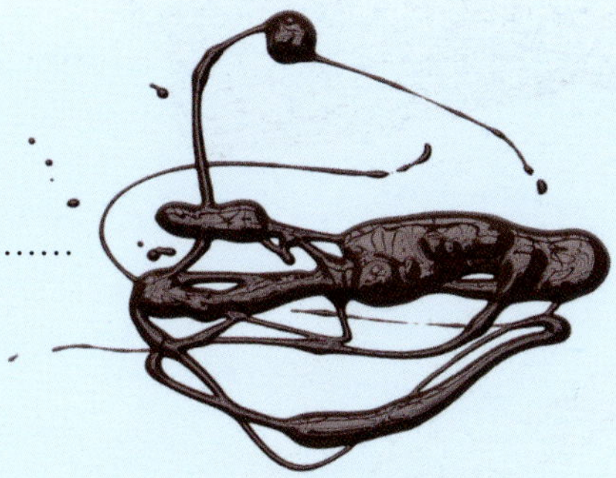

100 g
geschmolzene
Vollmilchschokolade

20 g
geschmolzene
Butter

1. *In eine Schüssel geben.*
2. *Hinzufügen.*
3. *Hinzufügen.*
4. *Vermischen und zu kleinen Häufchen formen.*
5. *Für 1 Stunde in den Kühlschrank stellen.*

CORNFLAKES-KEKSE

(für 4 Personen)

15 Minuten bei 180 °C im Backofen backen.

3.

In eine Backform füllen.

2.

340 g
Nuss-Nugat-Creme

+

4
Eier

+

140 g
Mehl

In eine Schüssel geben und verrühren.

1.

BROWNIES

mit Nuss-Nugat-Creme (für 4 Personen)

100 g
geschmolzene
Zartbitterschokolade

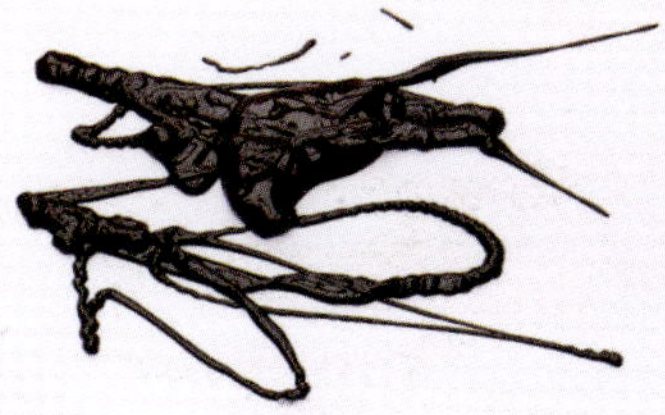

+

200 g
Kokosraspel, etwas
für den letzten
Arbeitsschritt
zurückbehalten

+

170 g
gezuckerte
Kondensmilch

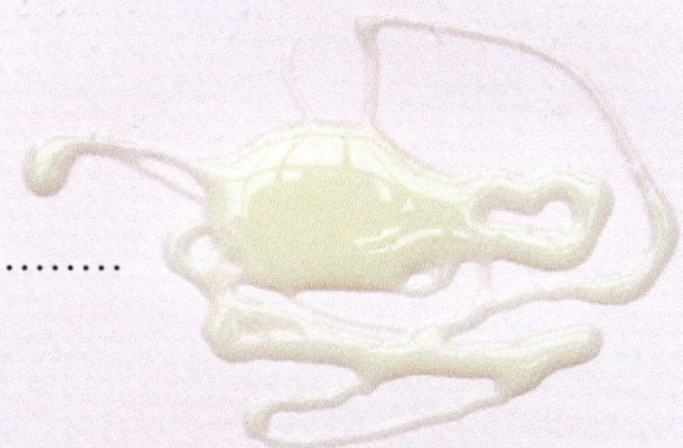

1. *In eine Schüssel geben.*

2. *Hinzufügen und verrühren.*

3. *Für 1 Stunde in den Kühlschrank stellen, dann zu Kugeln formen und in Kokosraspeln wälzen.*

SCHOKOKUGELN

(für 4 Personen)

KOKOSKUGELN

(für 4 Personen)

1 Eiweiß

1. *In eine Schale geben.*

60 g Kokosraspel

2. *Hinzufügen.*

50 g Puderzucker

3. *Hinzufügen.*

4. *Vermischen, zu Kugeln formen und 15 Minuten bei 180 °C im Backofen backen.*

TARTELETTES

mit Maronencreme (für 4 Personen)

1 EL
Schokoladenstreusel

4
kandierte
Maronen

100 g
flüssige Sahne,
sehr kalt

+

125 g
Frischkäse

+

200 g
Maronencreme

8
Kekse,
leicht gezuckert

1. *Auf jeden Teller 2 Kekse legen.*
2. *Gut vermischen und die Kekse damit bestreichen.*
3. *Auf den Keksen verteilen.*
4. *Die Kekse damit bestreuen.*

Die Kekse damit bestreuen.

4.

1 EL gehackte Pistazienkerne

Klein schneiden und die Kekse damit garnieren.

3.

16 Erdbeeren

Die Kekse damit bestreichen.

2.

150 g Konditorcreme

Auf jeden Teller 2 Kekse legen.

1.

8 Kekse, leicht gezuckert

TARTELETTES

mit Erdbeeren (für 4 Personen)

2
Bananen, in Scheiben geschnitten

4 Portionen
geschlagene Sahne

8 Kugeln
Erdbeereis

8
Kekse mit Schokoladenstücken

1. *Auf jeden Teller 2 Kekse legen.*
2. *Auf jeden Keks 1 Kugel geben.*
3. *Auf jeden Keks 1 Portion geben.*
4. *Die Kekse damit garnieren.*

TARTELETTES

mit Bananen und Erdbeereis (für 4 Personen)

TARTELETTES

mit Mokkaeis (für 4 Personen)

1. *Auf jeden Teller 2 Kekse legen.*

8 Schokoladenkekse mit Schokoladenstückchen

2. *Auf jeden Keks 1 Kugel geben.*

8 Kugeln Mokkaeis

3. *Auf jeden Keks 1 Portion geben.*

8 Portionen geschlagene Sahne

4. *Die Kekse damit bestäuben.*

8 TL Kakaopulver

8 TL
Heidelbeeren, frisch oder aus dem Glas

1 TL
Rohrzucker

+

120 g
flüssige Sahne

+

250 g
Mascarpone

8
Kekse, leicht gezuckert

1. *Auf jeden Teller 2 Kekse legen.*
2. *Vermischen und die Kekse damit bestreichen.*
3. *Die Kekse damit garnieren.*

TARTELETTES

mit Heidelbeeren (für 4 Personen)

KEKS-CREME

mit Lemon Curd (für 4 Personen)

In jedes Schälchen 1 EL geben. **1.**

4 EL Lemon Curd

In jedes Schälchen 1 zerbröselten Keks geben. **2.**

4 Mürbeteigkekse, zerbröselt

In jedes Schälchen 1 Portion geben. **3.**

4 Portionen geschlagene Sahne

Darüberstreuen. **4.**

Schale von **1** Bio-Limette

2 EL
Kokosraspel

3. Die Würfel damit bestreuen.

100 g
geschmolzene
weiße Schokolade

2. Die Würfel damit überziehen.

4 Scheiben
Rührkuchen,
gewürfelt

1. Auf die Teller verteilen.

KUCHENWÜRFEL

mit weißer Schokolade (für 4 Personen)

KUCHENWÜRFEL

mit Haselnüssen (für 4 Personen)

4 Scheiben Rührkuchen, gewürfelt

1. *Auf die Teller verteilen.*

100 g geschmolzene Zartbitterschokolade

2. *Die Würfel damit überziehen.*

2 EL gehackte Haselnusskerne

3. *Die Würfel damit bestreuen.*

4 EL
gehackte
Walnusskerne

50 g
geschmolzene
Zartbitterschokolade

2 Päckchen
Vanillezucker

+

400 g
Quark,
40 % Fettgehalt

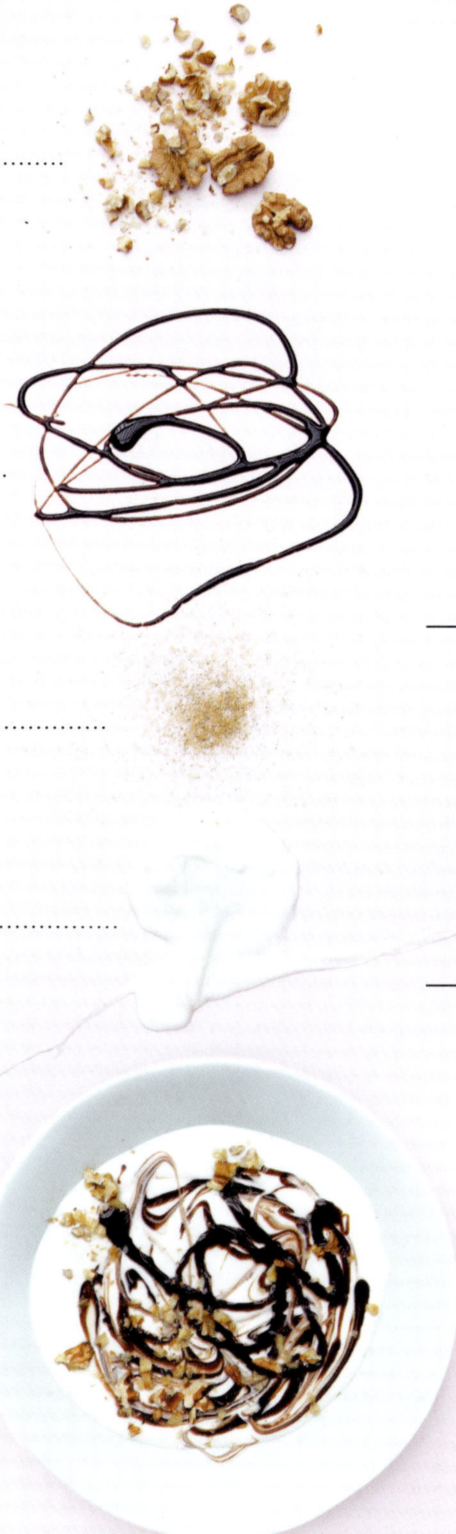

1. *Mischen und auf 4 Schälchen verteilen.*

2. *Darüber verteilen.*

3. *Darüberstreuen.*

QUARK

mit Schokolade und Walnüssen (für 4 Personen)

SCHWARZWALDBECHER

reloaded (für 4 Personen)

1. *Auf 4 Schälchen verteilen.*

400 g
Mousse au chocolat

2. *Auf die Schälchen verteilen.*

8
Schokoladenkekse mit Vanillecremefüllung, zerkrümelt

3. *Jeweils damit garnieren.*

1 Glas
Kirschen

4. *Jeweils 1 EL darüberstreuen.*

4 EL
geraspelte Zartbitterschokolade

4 EL
Kokosraspel

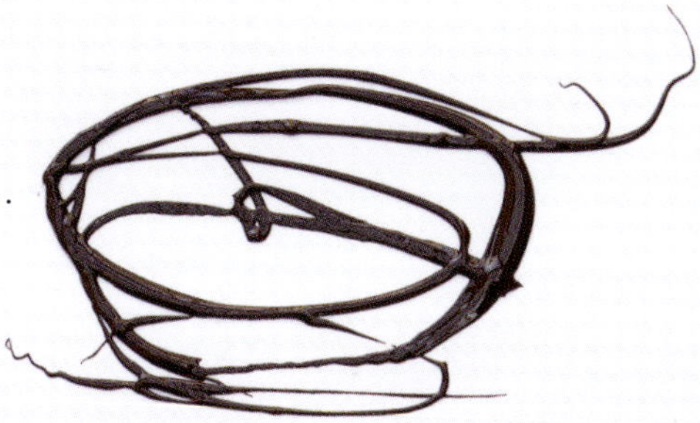

100 g
geschmolzene
Zartbitterschokolade

8
Madeleines

3. Auf die Madeleines streuen.

2. Die Madeleines zur Hälfte damit überziehen.

1. Jeweils 2 Madeleines auf einen Teller legen.

MADELEINES

mit Schokolade und Kokos (für 4 Personen)

Auf jede Portion 50 g geben. **4.**

200 g
Maronencreme

Auf jeden Teller 1 Portion geben. **3.**

4 Portionen
geschlagene Sahne

Auf jeden Teller 60 g geben. **2.**

240 g
gesüßter Quark, Vollfettstufe

Auf 4 Teller verteilen. **1.**

2
große Baiserschalen, grob zerkleinert

MONT BLANC

reloaded (für 4 Personen)

4 EL
Spekulatiuscreme

+

250 g
geschlagene Sahne

2. Vermischen, die Windbeutel damit füllen und die Deckel wieder auflegen.

12
Mini-Windbeutel

1. Halbieren.

WINDBEUTEL

mit Spekulatiuscreme (für 4 Personen)

WINDBEUTEL

mit Himbeer-Pistazien-Füllung (für 4 Personen)

12
Mini-Windbeutel

12 Tupfer
geschlagene Sahne

36
Himbeeren

2 EL
gehackte Pistazienkerne

1. *Halbieren und auf 4 Teller verteilen.*
2. *In jeden Windbeutel 1 Tupfer geben.*
3. *In jeden Windbeutel 3 Himbeeren geben.*
4. *Darüberstreuen und die Deckel wieder aufsetzen.*

3 EL
gehackte
Haselnusskerne

Grissini damit bestreuen.

2.

100 g
geschmolzene
Zartbitterschokolade

1.

Grissini fast komplett eintauchen.

12
Grissini
(Natur)

MIKADO-

Stäbchen (für 4 Personen)

ERDBEER-

Dessert im Glas (für 4 Personen)

1. *Auf 4 Gläser verteilen.* — **12** Biskuit Roses de Reims (ersatzweise Löffelbiskuits)

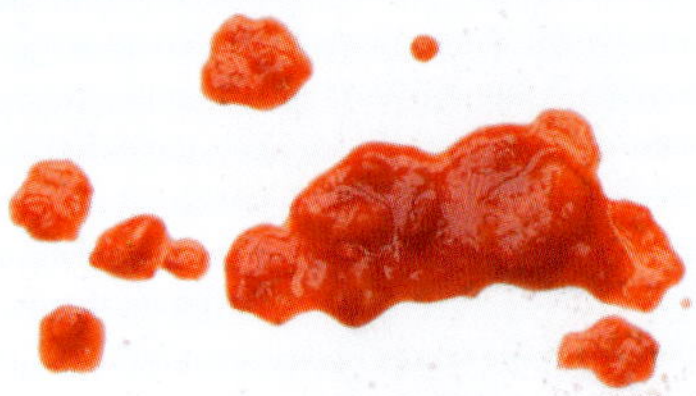

2. *Pürieren und in die Gläser geben.* — **125 g** Erdbeeren

3. *Auf die Gläser verteilen.* — **240 g** Konditorcreme

4. *Auf die Gläser verteilen.* — **125 g** Erdbeeren, geviertelt

ERDBEER-

Cheesecake (für 4 Personen)

3
Palets bretons
(bretonische Kekse),
zerbröselt

20 g
Puderzucker

+

100 g
Frischkäse

250 g
Erdbeeren

1. *Einschneiden.*
2. *Verquirlen und die Erdbeeren damit garnieren.*
3. *Über die Erdbeeren streuen.*

JOHANNISBEER-

Dessert (für 4 Personen)

8 Mürbeteigkekse mit Mohn

1. *Zerbröseln und auf 4 Schälchen verteilen.*

4 Portionen geschlagene Sahne

2. *In jedes Schälchen 1 Portion füllen.*

125 g Johannisbeeren

3. *Auf die Schälchen verteilen.*

4 EL Schokoladentröpfchen

4. *Jeweils mit 1 EL bestreuen.*

SCHOKOKEKS-

Dessert mit Erdbeeren (für 4 Personen)

8 Schokoladenkekse mit Vanillecremefüllung

1. Zerbröseln und auf 4 Schälchen verteilen.

4 Portionen geschlagene Sahne

2. In jedes Schälchen 1 Portion geben.

20 Erdbeeren, geviertelt

3. Auf die Schälchen verteilen.

Auf die Schälchen verteilen.

4.

1
Birne, geschält und in dünne Scheiben geschnitten

Gleichmäßig auf die Schälchen verteilen.

3.

4
Brownies, gewürfelt

Auf die Schälchen verteilen.

2.

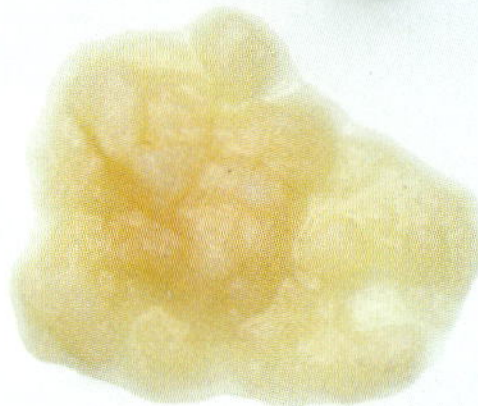

200 g
Birnenkompott

Auf 4 Schälchen verteilen.

1.

200 g
gezuckerter Quark, 40 % Fettgehalt

BIRNEN-

Dessert (für 4 Personen)

2 Päckchen
Bourbon-Vanillezucker

4. *Darüberstreuen.*

250 g
Erdbeeren, grob püriert

3. *Auf die Schälchen verteilen.*

6 EL
Quark, 40 % Fettgehalt

2. *Auf die Schälchen verteilen.*

12
Madeleines, gewürfelt

1. *Auf 4 Schälchen verteilen.*

ERDBEER-

Madeleine-Dessert (für 4 Personen)

BAISER-

Dessert (für 4 Personen)

60 g Vollmilchschokoladen-Kugeln

3. Auf die 4 Teller verteilen.

4 Portionen geschlagene Sahne

2. Auf jeden Teller 1 Portion geben.

2 Baiserschalen, zerkleinert

1. Auf 4 Teller verteilen.

40 g flüssige Sahne
40 g Zucker
1 Vanilleschote
5 g Gelatine, in kaltem Wasser eingeweicht

Sahne und Zucker in einen Topf geben.

Vanilleschote halbieren und das Innere zur Sahne hinzufügen. Gelatine ausdrücken und ebenfalls hinzufügen. Den Inhalt des Topfes unter Rühren zum Kochen bringen.

Topf vom Herd nehmen und die Sahne auf 4 Schälchen verteilen.

Für 5 Stunden in den Kühlschrank stellen.

PANNACOTTA

Rezept für 4 Personen

3. *Jeweils mit 1 TL bestreuen.*

1 TL gehackte Pistazienkerne

2. *Jeweils mit 1 TL bestreuen.*

4 TL Schokoladenraspel

1. *Auf die Schälchen verteilen.*

2 Clementinen, in Spalten

4 Schälchen Pannacotta (siehe Seite 71)

PANNACOTTA

mit Clementinen (für 4 Personen)

HIMBEER-

Mousse (für 4 Personen)

4 TL
Schokoladenraspel

250 g
geschlagene Sahne

+

250 g
Himbeeren, tiefgekühlt

1. *Zusammen pürieren und auf 4 Schälchen verteilen.*

2. *Jeweils mit 1 TL bestreuen.*

Jeweils mit 1 TL bestreuen.

2.

4 TL gehackte Haselnusskerne

3 EL Nuss-Nugat-Creme

+

Verrühren und auf 4 Schälchen verteilen.

1.

250 g geschlagene Sahne

NUSS-NUGAT-

Mousse (für 4 Personen)

8
Spekulatius, zerbröselt

3
Passionsfrüchte

2. Jeweils mit 2 zerbröselten Spekulatius bestreuen.

1. Das Fruchtfleisch herauslösen und auf die Schälchen verteilen.

4 Schälchen
Pannacotta
(siehe Seite 71)

PANNACOTTA

mit Passionsfrucht (für 4 Personen)

KOKOS-

Mango-Creme (für 4 Personen)

400 ml
Milch

+

200 ml
Kokosmilch

1. Zum Kochen bringen.

40 g
Puderzucker

+

55 g
Tapiokastärke

2. Unterrühren.

3. 15 Minuten bei schwacher Temperatur kochen lassen, dann abkühlen lassen.

½
Mango, klein gewürfelt

4. Auf die Schälchen verteilen.

MARONEN-

Mousse (für 4 Personen)

4 EL
Pekannusskerne, grob zerkleinert

3. Jeweils mit 1 EL bestreuen.

4 EL
Kakaopulver

2. Jeweils mit 1 EL bestäuben.

500 g
Maronencreme

1. Auf 4 Schälchen verteilen.

Jeweils mit 1 TL bestreuen. **2.**

4 TL gehackte Pistazienkerne

Auf die Schälchen verteilen. **1.**

2 Nektarinen, in Scheiben geschnitten

4 Schälchen Pannacotta (siehe Seite 71)

NEKTARINEN-

Pannacotta (für 4 Personen)

4 TL
Pralin (ersatzweise Krokant)

3. Darüberstreuen.

10
Waffelröllchen, zerbröselt

2. In die Schälchen geben.

240 g
Mousse au chocolat

1. Auf 4 Schälchen verteilen.

SCHOKOLADEN-

Mousse mit Knusperstückchen (für 4 Personen)

KOKOSCREME

mit Kiwi (für 4 Personen)

200 ml Kokosmilch + **400 ml** Milch

1. *Zum Kochen bringen.*

55 g Tapiokastärke + **40 g** Puderzucker

2. *Unterrühren, bei schwacher Temperatur 15 Minuten kochen und auf 4 Schälchen verteilen.*

3 Kiwis, geschält und in dünne Scheiben geschnitten

3. *Auf die Schälchen verteilen.*

Fruchtfleisch von **2** Passionsfrüchten

4. *Auf die Schälchen verteilen.*

2 EL
Sesamsamen,
geröstet

3. Auf die Kiwischeiben streuen.

100 g
geschmolzene
Zartbitterschokolade

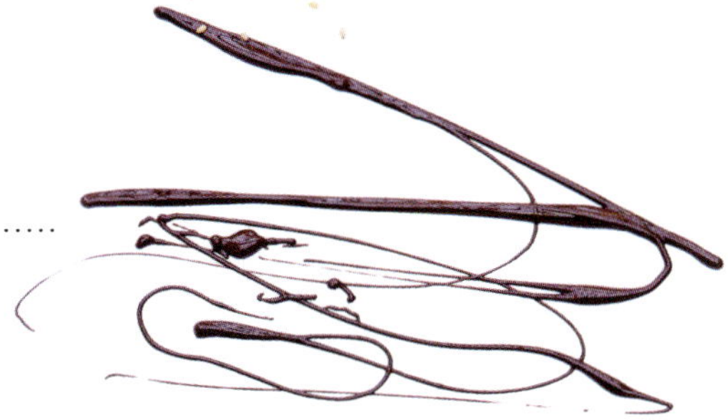

2. Zur Hälfte eintauchen.

4
Kiwis

1. Schälen, in Scheiben schneiden und aufspießen.

KIWISPIESSE

mit Schokolade und Sesam (für 4 Personen)

Über die Bananenscheiben streuen.

3.

2 EL gehackte Walnusskerne

Bananenscheiben eintauchen.

2.

100 g geschmolzene Zartbitterschokolade

In dicke Scheiben schneiden und aufspießen.

1.

2 Bananen

20 Holzspieße

BANANENSPIESSE

mit Schokolade und Walnüssen (für 4 Personen)

4 EL
gehobelte Mandeln, geröstet

4. Jeweils mit 1 EL bestreuen.

4 EL
Karamellsauce

3. In jedes Glas 1 EL geben.

4 Portionen
geschlagene Sahne

2. In jedes Glas 1 Portion geben.

8
Pfirsichhälften aus der Dose

1. Auf 4 Gläser verteilen.

KARAMELL-

Pfirsich im Glas (für 4 Personen)

HIMBEERQUARK

im Glas (für 4 Personen)

1. *Auf 4 Gläser verteilen.* ……… **400 g** Quark, 40 % Fettgehalt

2 *In jedes Glas 1 EL füllen.* ……… **4 EL** Müsli

3. *Auf die Gläser verteilen.* ……… **250 g** Himbeeren

4. *Jeweils 1 TL darüberstreuen.* ……… **4 TL** brauner Zucker

BANANEN

mit knusprigem Karamell (für 4 Personen)

400 g
gezuckerter Quark,
40 % Fettgehalt

1. *Auf 4 Teller verteilen.*

2
Bananen, in
Scheiben geschnitten

2. *Darüber verteilen.*

8
mit Vollmilchschokolade
überzogene Kekse,
zerbröselt

3. *Jeden Teller mit 2 zerbröselten Keksen bestreuen.*

4 TL
Karamellsauce

4. *Jeden Teller mit 1 TL überziehen.*

HIMBEERSUPPE

mit Pistazien (für 4 Personen)

4
Basilikumblätter

4 TL
gehackte
Pistazienkerne

Saft
von ½ Limette

+

40 g
brauner Zucker

+

500 g
Himbeeren

1. *Pürieren und auf 4 Schälchen verteilen.*
2. *Jedes Schälchen damit bestreuen.*
3. *Klein zupfen und auf die Schälchen verteilen.*

APFEL-

Carpaccio (für 4 Personen)

4 TL
Schokoladen-tröpfchen

200 g
Dulce de Leche, erwärmt

100 g
geschmolzene Zartbitterschokolade

4
kleine Äpfel

1. In Scheiben schneiden und auf 4 Teller verteilen.

2. Die Äpfel damit überziehen.

3. Die Äpfel damit überziehen.

4. Jeden Teller mit 1 TL bestreuen.

1 Bund
Basilikum

+

5
Kardamom-
kapseln

+

500 ml
heller
Likörwein

2.

Bei schwacher Temperatur 25 Minuten kochen, 1 Stunde kühl stellen und den Sirup auf die Schälchen verteilen.

8
Aprikosen

1.

Halbieren und auf 4 Schälchen verteilen.

APRIKOSENSUPPE

mit Basilikum (für 4 Personen)

BIRNEN

mit Dulce de Leche (für 4 Personen)

4 EL
gehobelte Mandeln

8 EL
Dulce de Leche

4
Birnen

1. *Schälen, halbieren und auf einen ofenfesten Teller legen.*
2. *Die Birnen damit überziehen.*
3. *Die Birnen damit bestreuen.*
4. *30 Minuten bei 180 °C im Backofen backen und auf 4 Teller verteilen.*

Auf dem Kuchen verteilen.

3.

1
Apfel „Granny Smith“, in dünne Scheiben geschnitten

Jede Scheibe mit 1 TL bestreichen.

2.

4 gehäufte TL
Erdnusscreme

Honigkuchenscheiben toasten und auf 4 Teller verteilen.

1.

4 Scheiben
Honigkuchen

HONIGKUCHEN-

Toasts (für 4 Personen)

Minzeblätter

1
Zuckermelone, geschält

+

125 g
Johannisbeeren

+

2 cm
frischer Ingwer, geschält

1. *Alles zusammen pürieren und auf 4 Schälchen verteilen.*

2. *Jeweils damit garnieren.*

MELONEN-

Gazpacho mit Johannisbeeren (für 4 Personen)

HIMBEER-

Pastetchen (für 4 Personen)

12
Mini-Pastetchen

1. *Auf einen Teller legen.*

12 Tupfer
geschlagene Sahne

2. *Jedes Pastetchen mit 1 Tupfer füllen.*

12
Himbeeren

3. *Jedes Pastetchen mit 1 Himbeere garnieren.*

PAMPELMUSEN-

Carpaccio (für 4 Personen)

40 g
Puderzucker

\+

200 ml
Wasser

\+

5 g
schwarze
Bergamotte-Teeblätter

2
rosa Pampelmusen,
sorgfältig geschält und in
Scheiben geschnitten

1. *Auf 4 tiefe Teller verteilen.*
2. *Den Tee in ein Teesieb füllen und alles zusammen zum Kochen bringen.*
3. *Für 1 Stunde kühl stellen und über die Pampelmusenscheiben geben.*

ERDBEER-

Carpaccio (für 4 Personen)

500 g
Erdbeeren, in dünne Scheiben geschnitten

1. *Auf einen Teller legen.*

1 EL
Zitronensaft

2. *Erdbeeren damit beträufeln.*

100 ml
Olivenöl

3. *Erdbeeren damit beträufeln.*

1 EL
Puderzucker

4. *Carpaccio damit bestäuben.*

12
Basilikumblätter, gehackt

5. *Auf dem Carpaccio verteilen.*

1
Vanilleschote, halbiert

+

30 g
Rohrzucker

+

100 ml
Wasser

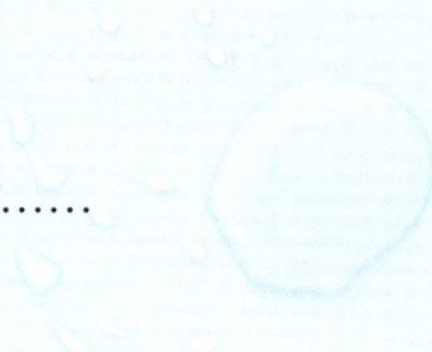

2
Baby-Ananas, geschält und in dünne Scheiben geschnitten

1. *Auf einen Teller legen.*

2. *Zum Kochen bringen und über die Ananasscheiben gießen. Vor dem Servieren 2 Stunden kühl stellen.*

ANANAS-

Carpaccio (für 4 Personen)

Pergamentpapier verschließen und 10 Minuten bei 180 °C im Backofen backen. — 7.

Hinzufügen. — 6.

Hinzufügen. — 5.

Hinzufügen. — 4.

Hinzufügen. — 3.

Hinzufügen. — 2.

Auf einen Bogen Pergamentpapier legen. — 1.

1 TL
Rohrzucker

1 Zweig
Verbene

1
Vanilleschote, halbiert

125 g
Himbeeren

100 g
Johannisbeeren, von den Stielen gezupft

2
Nektarinen, klein geschnitten

200 g
Erdbeeren

SOMMERFRÜCHTE

im Pergamentmantel (für 4 Personen)

BANANEN

im Pergamentmantel (für 4 Personen)

40 g
Butter

50 ml
brauner Rum

4 EL
Rohrzucker

2
Bananen, halbiert

1. *Auf einen Bogen Pergamentpapier legen.*
2. *Hinzufügen.*
3. *Beträufeln.*
4. *Hinzufügen.*
5. *Pergamentpapier verschließen und 15 Minuten bei 200 °C im Backofen backen.*

10
Basilikumblätter, gehackt

+

1 Prise
Vanillemark

+

100 ml
Olivenöl

+

300 g
Erdbeeren, gewürfelt

+

1
reife Mango, gewürfelt

1. *Mischen und auf 4 Schälchen verteilen.*

ERDBEER-

Mango-Obstsalat (für 4 Personen)

BIRNEN

in Rotwein-Sud (für 4 Personen)

4
Birnen, geschält und halbiert

120 g
Zucker
+
1
Zimtstange
+
3
Kardamomkapseln
+
1 TL
schwarze Pfefferkörner
+
750 ml
Rotwein

1. *Zum Kochen bringen.*
2. *Hinzufügen.*
3. *Bei schwacher Temperatur 25 Minuten kochen und auf 4 Schälchen verteilen.*

TARTARE

aus exotischen Früchten (für 4 Personen)

3 Zweige Minze, gehackt
\+
Saft von **3** Limetten
\+
3 EL Rohrzucker
\+
1 Baby-Ananas, geschält und gewürfelt
\+
1 Mango, geschält und gewürfelt
\+
2 Kiwis, geschält und gewürfelt
\+
Samen und Fruchtfleisch von **1** Passionsfrucht

1. *Mischen und mithilfe eines Dessertrings auf 4 Teller verteilen.*

LITSCHIS

in Sirup (für 4 Personen)

120 g
brauner Zucker

+

500 ml
Wasser

4. *Zum Kochen bringen, 2 Stunden kühl stellen und in die Gläser gießen.*

Kerne
von ½ Granatapfel

3. *In die Gläser geben.*

20
Litschis, geschält
und entsteint

2. *In die Gläser geben.*

3 Zweige
Minze

1. *Hacken und auf 4 Gläser verteilen.*

NEKTARINEN

in Teesud (für 4 Personen)

1 Beutel Orangen-Zimt-Tee

\+

500 ml Wasser

\+

120 g Zucker

\+

2 Zweige getrocknete Verbene

6 Nektarinen, entsteint und in Scheiben geschnitten

1. *Auf 4 tiefe Teller verteilen.*
2. *Zum Kochen bringen und 1 Stunde kühl stellen.*
3. *Über die Nektarinen gießen.*

OBSTSALAT

aus exotischen Früchten (für 4 Personen)

1
Drachenfrucht, gewürfelt

1. Auf 4 Schälchen verteilen.

20
Weintrauben, halbiert

2. In die Schälchen geben.

½
Ananas, geschält und gewürfelt

3. In die Schälchen geben.

4 EL
Apfelsaft

4. In jedes Schälchen 1 EL geben und umrühren.

OBSTSALAT

aus Zitrusfrüchten (für 4 Personen)

1. *Auf 4 Teller verteilen.*

1
Pampelmuse, sorgfältig geschält und in Scheiben geschnitten

2. *Auf den Tellern verteilen.*

3
Orangen, sorgfältig geschält und in Scheiben geschnitten

3. *Auf den Tellern verteilen.*

3
Clementinen, sorgfältig geschält und in Scheiben geschnitten

4. *Jeweils mit 1 EL beträufeln.*

4 EL
flüssiger Honig

5. *Jeden Teller mit 1 TL beträufeln.*

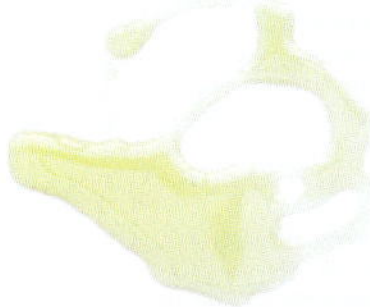

4 TL
Olivenöl

MANGO

mit Kokossauce (für 4 Personen)

40 g Butter, leicht gesalzen

1. *In eine Pfanne geben und schmelzen.*

3 Mangos, geschält und in Scheiben geschnitten

2. *Dazugeben.*

2 EL Rohrzucker

3. *Mango damit bestreuen und 5 Minuten karamellisieren.*

100 ml Kokosmilch

+

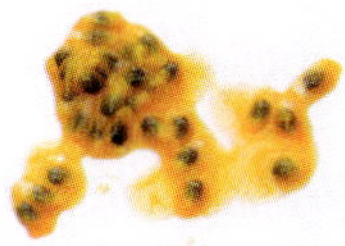

Fruchtfleisch von **3** Passionsfrüchten

4. *Vermischen und anrichten.*

FEIGEN

mit Vanilleeis (für 4 Personen)

4 Kugeln Vanilleeis

80 g Rohrzucker

40 g Butter

12 frische Feigen, über Kreuz eingeschnitten

1. *Auf einen ofenfesten Teller legen.*
2. *Auf den Feigen verteilen.*
3. *Darüberstreuen und 15 Minuten bei 180 °C im Backofen backen.*
4. *Die Feigen auf 4 Teller verteilen und jeweils 1 Kugel hinzufügen.*

SCHICHTKÄSE

mit Beerensauce (für 4 Personen)

1 Prise
Vanillearoma

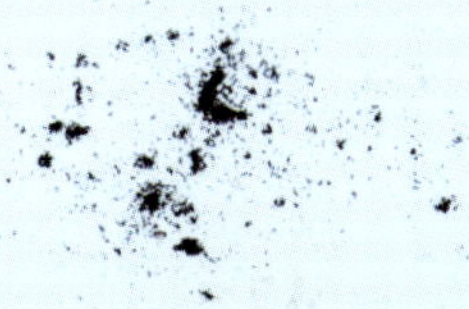

\+

100 g
Rohrzucker

\+

150 g
gemischte Beeren,
frisch oder tiefgekühlt

1. *15 Minuten bei schwacher Temperatur kochen, abkühlen lassen und über den Faisselles verteilen.*

4 Portionen
Faisselle, abgetropft
(ersatzweise
Schichtkäse)

Auf die Schokolade streuen.

3.

2 EL
gehackte Pistazienkerne

Die Clementinen zur Hälfte eintauchen.

2.

100 g
geschmolzene Zartbitterschokolade

Schälen und vierteln.

1.

3
Clementinen

CLEMENTINEN

mit Schokoüberzug (für 4 Personen)

4 TL flüssiger Honig

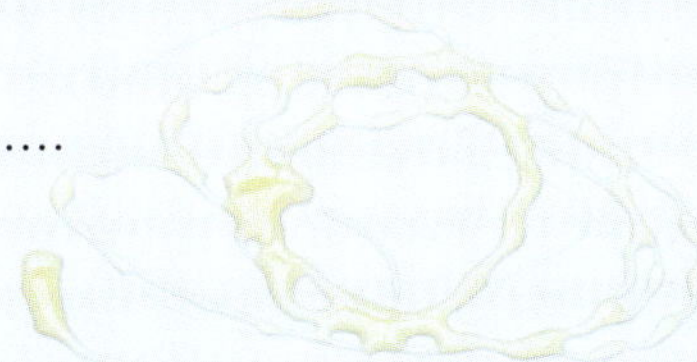

5. Jeweils mit 1 TL beträufeln.

4 TL geschälte Mandeln

4. In jedes Schälchen 1 TL streuen.

6 Pflaumen, entsteint und in Spalten geschnitten

3. In die Schälchen verteilen.

1 EL Chiasamen, in **4 EL** Wasser zum Quellen gebracht

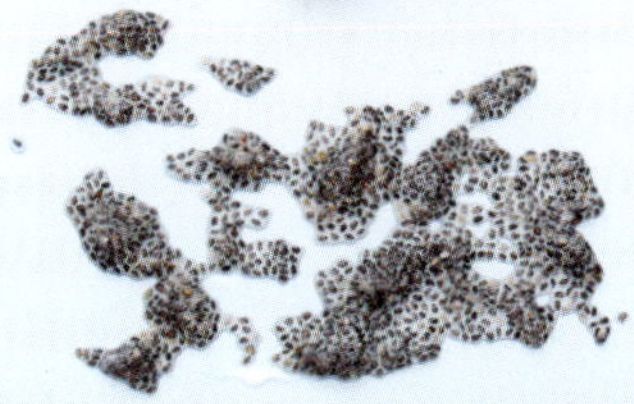

2. In die Schälchen verteilen.

200 g Joghurt aus Schafsmilch

1. Auf 4 Schälchen verteilen.

PFLAUMEN

auf Schafsmilchjoghurt (für 4 Personen)

WINTERFRÜCHTE

aus dem Ofen (für 4 Personen)

20 g
Butter

\+

3
Äpfel, in dünne Scheiben geschnitten

3
Birnen, geschält und in dünne Scheiben geschnitten

1
Mango, geschält und in dünne Scheiben geschnitten

1. *In eine feuerfeste Form geben.*

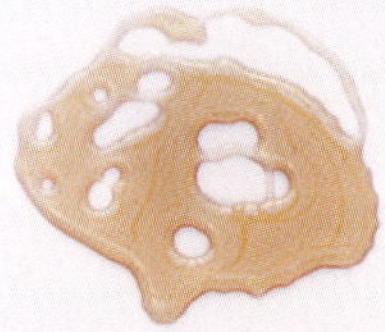

3 EL
flüssiger Honig

2. *Über die Früchte träufeln und 30 Minuten bei 180 °C im Backofen backen.*

3. *Die gebackenen Früchte auf 4 Schälchen verteilen.*

4 Portionen
geschlagene Sahne

4. *In jedes Schälchen 1 Portion geben.*

APFELAUFLAUF

mit Zimt (für 4 Personen)

1 TL
Zimtpulver

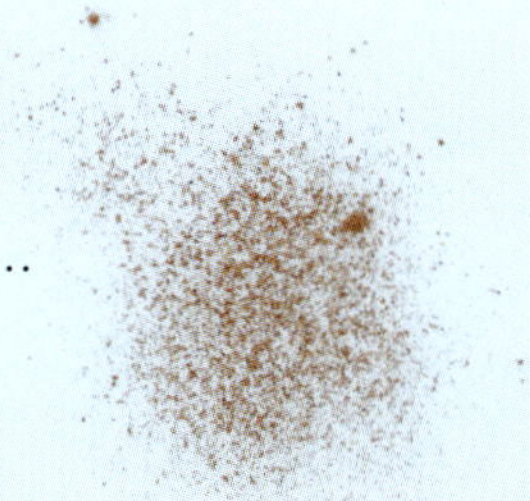

25 g
Butter, in kleinen Stücken

3 EL
flüssiger Honig

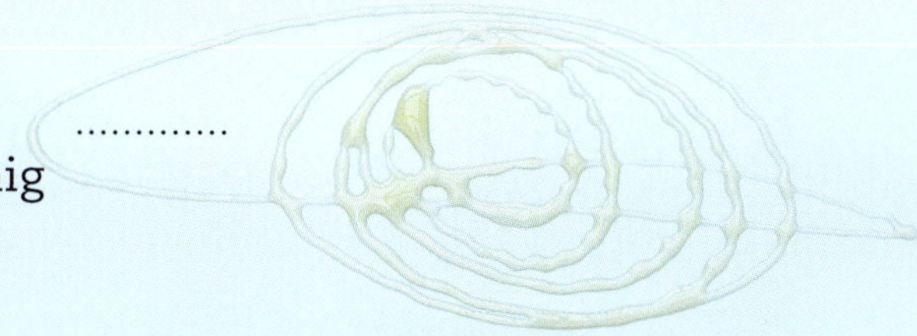

4
Äpfel, in dünne Scheiben geschnitten

1. *In eine Auflaufform geben.*
2. *Über die Äpfel träufeln.*
3. *Über den Äpfeln verteilen.*
4. *Über die Äpfel streuen.*
5. *20 Minuten bei 200 °C im Backofen backen.*

PAVLOVA

mit Beeren (für 4 Personen)

1. *Auf 4 Teller verteilen.* — **2** große Baiserschalen, zerstoßen

2. *Auf jeden Teller 1 Portion geben.* — **4 Portionen** geschlagene Sahne

3. *Auf die Teller verteilen.* — **300 g** gemischte Beeren

4. *Jeweils mit 1 TL bestäuben.* — **4 TL** Puderzucker

TIRAMISU

mit Himbeeren (für 4 Personen)

4 TL
Puderzucker

250 g
Himbeeren

50 g
Mascarpone

+

330 g
flüssige Sahne

12
Spekulatius, grob zerstoßen

1. *Auf 4 Schälchen verteilen.*
2. *Vermischen und auf die Schälchen verteilen.*
3. *In die Schälchen geben.*
4. *Jeweils mit 1 TL bestäuben.*

APRIKOSEN-

Mousse (für 4 Personen)

4 TL gehackte Pistazienkerne

2. *Jeweils mit 1 TL bestreuen.*

55 g Puderzucker

+

1 Eiweiß

+

150 g Aprikosen, entsteint, oder aus der Dose

+

1 TL Zitronensaft

1. *8 Minuten pürieren, auf 4 Schälchen verteilen und für 2 Stunden kalt stellen.*

BRATÄPFEL

(für 4 Personen)

4 Prisen Vier-Gewürz-Mischung

\+

4 TL flüssiger Honig

\+

1 EL gemahlene Mandeln

\+

6 Spekulatius, zerbröselt

4 Äpfel „Gala“, ausgehöhlt

\+

1 Glas Wasser

1. *In eine ofenfeste Form geben.*

2. *Vermischen und die Äpfel damit garnieren. 30 Minuten bei 180 °C im Backofen backen. Die Äpfel auf 4 Schälchen verteilen und den ausgetretenen Saft dazugeben.*

KEKSSPIESSE

mit Früchten (für 4 Personen)

12 Schokoladen-Keksstäbchen

2 Kiwis, geschält und gewürfelt

12 Erdbeeren, halbiert

1 Banane, in Scheiben geschnitten

1. Zurechtlegen.

2. Auf die Keksstäbchen spießen.

3. Auf die Keksstäbchen spießen.

4. Auf die Keksstäbchen spießen.

12
Minzeblätter

1
Mango, gewürfelt

4 Scheiben
Honigkuchen, getoastet und gewürfelt

3. Hacken und darüberstreuen.

2. Auf die Teller verteilen.

1. Auf 4 Teller verteilen.

MANGO

mit Honigkuchen (für 4 Personen)

EISWAFFEL

mit Beeren und Sahne (für 4 Personen)

4 Portionen geschlagene Sahne

16 Himbeeren

4 Stiele Johannisbeeren

16 Brombeeren

4 Waffelhörnchen

1. *Halbieren und auf 4 Teller verteilen.*
2. *Auf die Teller verteilen.*
3. *Auf jeden Teller 1 Stiel Johannisbeeren legen.*
4. *Auf die Teller verteilen.*
5. *Auf jeden Teller 1 Portion geben.*

2 EL
Sesamsamen

80 g
Cashewkerne

+

50 g
Rosinen

+

150 g
Datteln

1. *Pürieren und zu Kugeln formen.*

2. *Die Kugeln darin wälzen.*

E N E R G Y B A L L S

mit Datteln (für 4 Personen)

4 EL Kokosraspel

50 g ungesalzene Pistazienkerne

+

100 g Backpflaumen, entsteint

1. *Pürieren und zu Kugeln formen.*
2. *Die Kugeln darin wälzen.*

ENERGY BALLS

mit Pistazien und Kokos (für 4 Personen)

JOGHURTEIS

mit Knuspermüsli (für 4 Personen)

40 g
Knuspermüsli

20 g
flüssige Sahne

+

80 g
Puderzucker

+

500 g
griechischer Joghurt

1. *Vermischen, auf 4 Schälchen verteilen und für 4 Stunden in das Gefrierfach stellen, dabei immer wieder umrühren.*

2. *Über das Eis streuen.*

JOGHURTEIS

mit Kokos (für 4 Personen)

200 ml
Kokosmilch

+

50 g
Puderzucker

+

300 g
griechischer
Joghurt

1. *Vermischen, auf 4 Schälchen verteilen und für 4 Stunden in das Gefrierfach stellen, dabei immer wieder umrühren.*

4 EL
Schokoladensauce

2. *Jeweils mit 1 EL überziehen.*

6
mit Vollmilchschokolade
überzogene Kekse,
zerbröselt

3. *Auf die Schälchen verteilen.*

JOGHURTEIS

mit Honig (für 4 Personen)

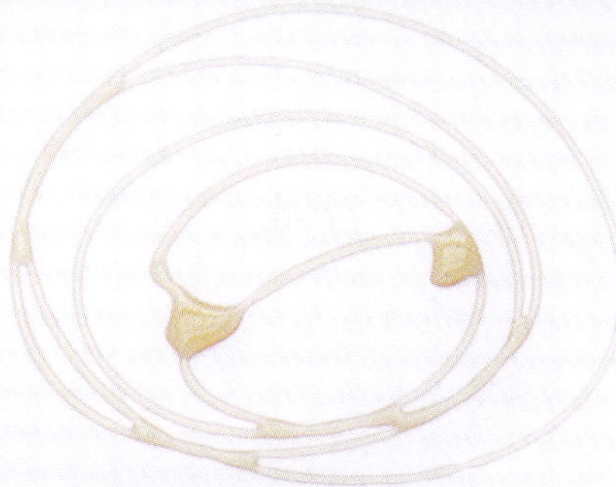

4 EL
flüssiger Orangen-blütenhonig

100 g
Zucker

\+

600 g
griechischer Joghurt

1. Vermischen, auf 4 Schälchen verteilen und für 4 Stunden in das Gefrierfach stellen, dabei immer wieder umrühren.

2. Jeweils mit 1 EL überziehen.

3 EL
gehackte
Pistazienkerne

\+

125 g
Himbeeren

\+

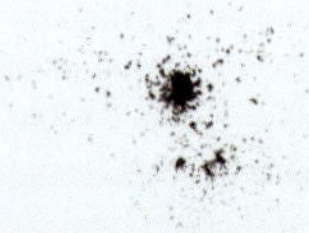

1 Prise
Vanillearoma

\+

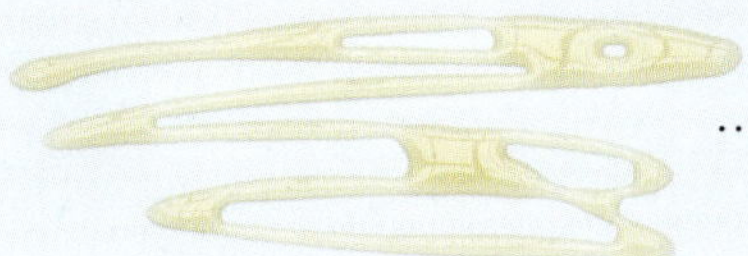

2 EL
flüssiger Honig

\+

500 g
griechischer Joghurt

Vermischen und für 6 Stunden in das Gefrierfach stellen.

1\.

JOGHURTEIS

mit Pistazien (für 4 Personen)

500 g
Heidelbeeren

\+

450 g
griechischer Joghurt

\+

100 g
Zucker

1. *Pürieren und für 4 Stunden in das Gefrierfach stellen, dabei immer wieder umrühren. Erneut pürieren und auf 4 Schälchen verteilen.*

JOGHURTEIS

mit Heidelbeeren (für 4 Personen)

HIMBEERSORBET

(für 4 Personen)

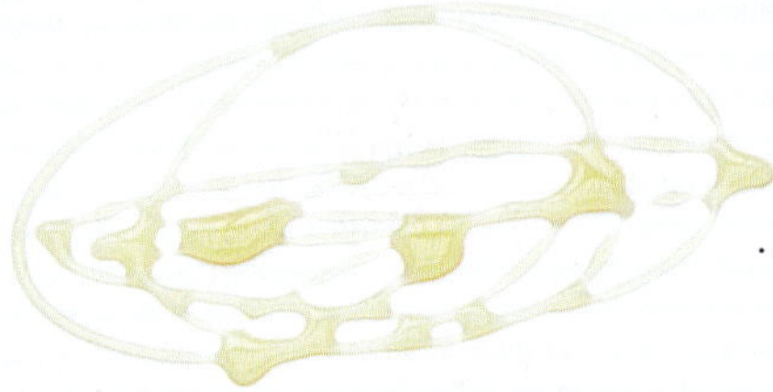

3 EL
flüssiger Honig

+

Saft
von **1** Zitrone

+

600 g
Himbeeren, tiefgekühlt +
einige frische Himbeeren
zum Garnieren

1. *Pürieren, auf 4 Schälchen verteilen und mit frischen Himbeeren garnieren.*

2 EL
gehackte Pekannusskerne

1 EL
Dulce de Leche

100 g
geschmolzene Zartbitterschokolade, abgekühlt

\+

190 ml
gezuckerte Kondensmilch

\+

300 g
geschlagene Sahne

1. *Vermischen und für 4 Stunden in das Gefrierfach stellen.*

2. *Das Eis damit überziehen.*

3. *Über das Eis streuen.*

PEKANNUSSEIS

mit Dulche de Leche (für 4 Personen)

3 EL
flüssiger Honig

\+

4 EL
Mandelmus

\+

400 g
Aprikosen,
tiefgekühlt

1.

Pürieren, auf 4 Schälchen verteilen und sofort servieren.

APRIKOSEN-

sorbet mit Mandelmus (für 4 Personen)

BANANENEIS

mit Erdnüssen (für 4 Personen)

4 EL
ungesalzene
Erdnusskerne, gehackt

4 TL
Kakaopulver

500 g
flüssige Sahne

+

3
reife Bananen, in
Scheiben geschnitten
und tiefgekühlt

1. *Pürieren und auf 4 Schälchen verteilen.*
2. *Jeweils mit 1 TL bestäuben.*
3. *Jeweils mit 1 EL bestreuen und sofort servieren.*

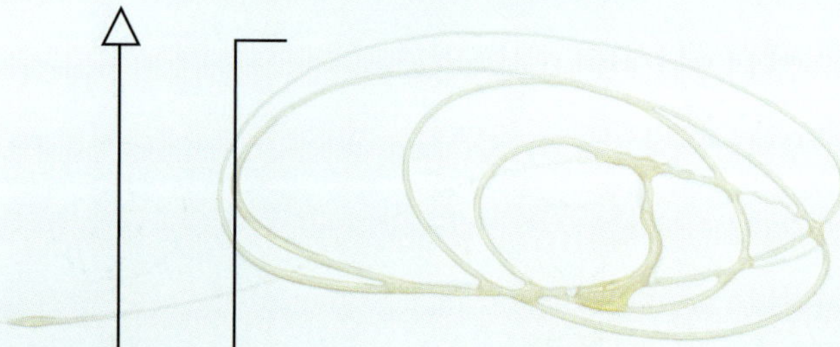

2 EL
flüssiger Honig

+

100 ml
Milch

+

400 g
Mascarpone

+

500 g
Erdbeeren, tiefgekühlt

1\. *Pürieren, auf 4 Schälchen verteilen und sofort servieren.*

ERDBEEREIS

mit Mascarpone (für 4 Personen)

PISTAZIENEIS

am Stiel (für 4 Personen)

1 EL gehackte Pistazienkerne

1 EL dunkle Schokoladentröpfchen

250 g Pistazienjoghurt

1. *In 4 Formen für Eis am Stiel füllen.*
2. *Den Joghurt damit bestreuen.*
3. *Den Joghurt damit bestreuen und für 4 Stunden in das Gefrierfach legen.*

EIS-KEKSE

mit Schokostreuseln (für 4 Personen)

4
Kekse mit Schokoladenstücken

1. Mit der flachen Seite nach oben auf einen Teller legen.

4 Kugeln
Vanille-Pekannuss-Eis, flach gedrückt

2. Auf jeden Keks 1 Kugel geben.

4
Kekse mit Schokoladenstücken

3. Auf jeden Eis-Taler 1 Keks legen.

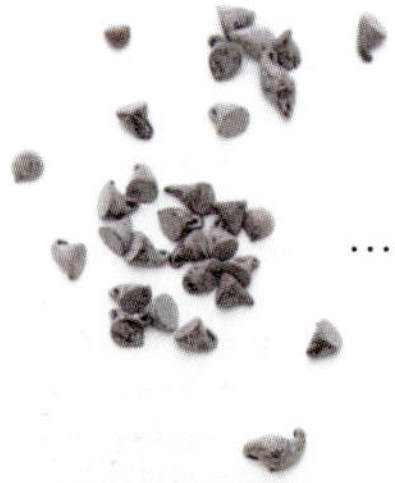

2 EL
Schokoladentröpfchen

4. Die Eis-Kekse darin wälzen.

4 Kugeln
Vanilleeis

4 Portionen
geschlagene Sahne

12 EL
gemischte Beeren

2
große Baiserschalen, zerstoßen

1. *Auf 4 Teller verteilen.*
2. *Auf die Teller verteilen.*
3. *Auf jeden Teller 1 Portion geben.*
4. *Auf jeden Teller 1 Kugel geben.*

EIS

mit Baiser und Beeren (für 4 Personen)

MANGOEIS

am Stiel (für 4 Personen)

120 g gesüßter Quark, Vollfettstufe

+

150 g Mango, tiefgekühlt

1. *Pürieren und in 4 Formen für Eis am Stiel füllen.*

2. *Für 4 Stunden in das Gefrierfach legen.*

100 g
geschmolzene
Zartbitterschokolade

3. Die Deckel aufsetzen und die Windbeutel damit überziehen.

12
kleine Kugeln
Minzschokoladeneis

2. Jeden Windbeutel mit 1 Kugel füllen.

12
Mini-Windbeutel

1. Halbieren.

WINDBEUTEL

mit Minzschokolade (für 4 Personen)

Das Eis damit überziehen. 5.  **1 EL** gesalzene Karamellsauce

Damit bestreuen. 4.  **1 EL** Müsli

In das Schälchen geben. 3.  **1 Portion** geschlagene Sahne

Hinzufügen. 2.  **6** Himbeeren

In ein Schälchen geben. 1.  **1 Kugel** Vanilleeis

VANILLEEIS

mit Himbeeren und Müsli (für 1 Person)

1 EL Schokoladen-streusel

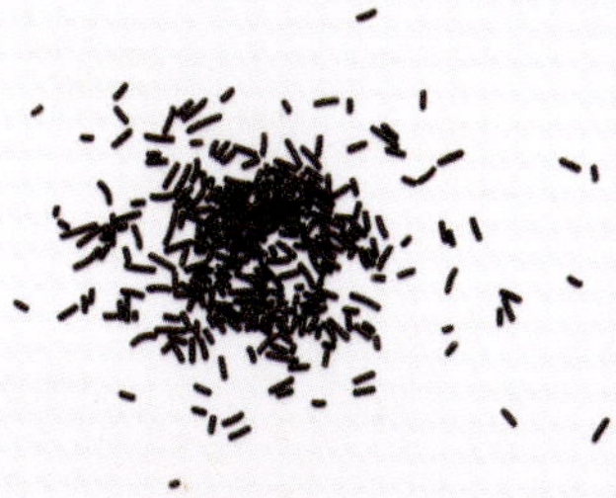

5. *Darüberstreuen.*

1 Mürbeteigkeks, zerbröselt

4. *Hinzufügen.*

1 Portion geschlagene Sahne

3. *Hinzufügen.*

2 Kugeln Joghurteis

2. *Hinzufügen.*

6 Bananenscheiben

1. *In ein Schälchen geben.*

JOGHURTEIS

mit Bananen und Keksen (für 1 Person)

KOKOSEIS

mit Erdbeeren und Minze (für 1 Person)

1. *In ein Schälchen geben.* — **2 Kugeln** Kokosnusseis
2. *Hinzufügen.* — **2 EL** Erdbeeren, in der Pfanne gedünstet
3. *In das Schälchen geben.* — **1 Portion** geschlagene Sahne
4. *Hinzufügen.* — **1** Keks mit Schokoladenstücken, zerbröselt
5. *Das Eis damit dekorieren.* — **2** Minzeblätter

1 EL
Schokoladensauce

4. *Das Eis damit überziehen.*

1
Schokoladenkeks
mit Schokoladenstückchen,
zerbröselt

3. *Hinzufügen.*

1 Portion
geschlagene Sahne

2. *Hinzufügen.*

2 Kugeln
Schokoladeneis

1. *In ein Schälchen geben.*

SCHOKOLADENEIS

mit Cookies (für 1 Person)

Darüberstreuen. **5.**

1 EL
Schokoladentröpfchen

Hinzufügen. **4.**

1 EL
gesalzene
Karamellsauce

Hinzufügen. **3.**

1 EL
geschmolzene
Zartbitterschokolade

Hinzufügen. **2.**

1 Portion
geschlagene Sahne

Auf einen Teller geben. **1.**

2 Kugeln
Vanille-Pekannuss-Eis

VANILLE-NUSS-

Eis mit Karamell (für 1 Person)

1 Mürbeteigkeks, zerbröselt

5. *Darüberstreuen.*

6 Himbeeren

4. *Hinzufügen.*

1 Portion geschlagene Sahne

3. *Hinzufügen.*

2 halbe Pfirsiche, aus der Dose

2. *Hinzufügen.*

1 Kugel Erdbeereis

1. *Auf einen Teller geben.*

PFIRSICH MELBA

mit Himbeeren (für 1 Person)

Darüberstreuen. **4.**

1 EL
Schokoladen-
streusel

Hinzufügen. **3.**

1 Scheibe
Honigkuchen,
gewürfelt

Hinzufügen. **2.**

1 Kugel
Vanilleeis

In ein Schälchen geben. **1.**

100 g
Apfelkompott

WINTERBECHER

mit Apfelkompott (für 1 Person)

4
Eiswürfel

+

250 ml
kalte Milch

+

1 EL
Erdnusscreme

+

½
Banane, in Scheiben geschnitten

1. *Pürieren und servieren.*

SMOOTHIE

aus Banane und Erdnusscreme (für 1 Person)

4
Eiswürfel

+

½
Mango, geschält und in Scheiben geschnitten

+

½
Banane, in Scheiben geschnitten

+

5
Erdbeeren

Pürieren und servieren.

1.

S M O O T H I E

aus Erdbeeren, Banane und Mango (für 1 Person)

4
Eiswürfel

+

Saft
von **2** Orangen

+

2
Aprikosen,
entsteint

+

60 g
Himbeeren

1. *Pürieren und servieren.*

SMOOTHIE

aus Aprikosen, Orangen und Himbeeren (für 1 Person)

SMOOTHIE

à la Apple Pie (für 1 Person)

1 Prise
Vanillearoma

+

1 Prise
Zimtpulver

+

12
Pekannusskerne

+

1 Glas
Mandelmilch

+

1
Apfel, in Stücke geschnitten

1. *Pürieren und servieren.*

SMOOTHIE

aus Erdbeeren und Kokosraspeln (für 1 Person)

4
Eiswürfel

+

3 EL
Kokosraspel

+

2 EL
Gojibeeren

+

5
Erdbeeren

+

½
Banane, in Scheiben geschnitten

1. *Pürieren und servieren.*

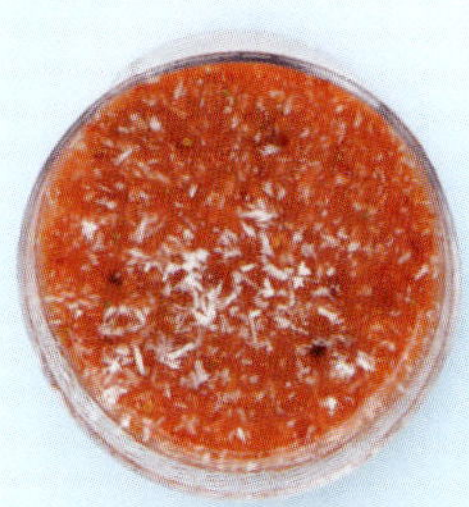

SMOOTHIES

SMOOTHIE

à la Piña Colada (für 1 Person)

4
Eiswürfel

+

1 Glas
Kokosmilch

+

1
Banane, in Scheiben geschnitten

+

150 g
gewürfelte Ananas, tiefgekühlt

1. *Pürieren und servieren.*

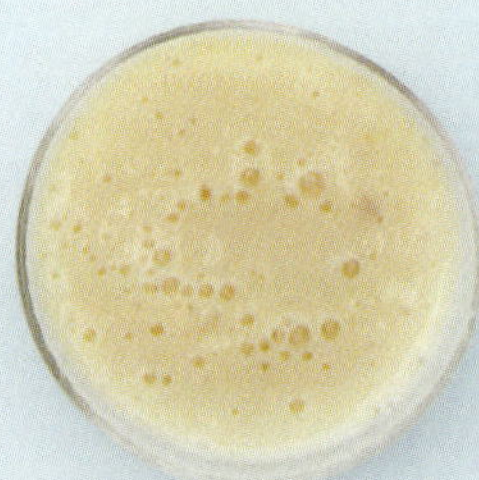

½ TL
Zimtpulver

+

2 EL
Haferflocken

+

1 Glas
Mandelmilch (310 ml)

+

1 EL
Ahornsirup

+

½
Banane, in Scheiben geschnitten

1. *Pürieren und servieren.*

SMOOTHIE

aus Bananen und Haferflocken (für 1 Person)

4
Eiswürfel

+

150 ml
Apfelsaft

+

25 g
Heidelbeeren, tiefgekühlt

+

25 g
Himbeeren, tiefgekühlt

+

25 g
Erdbeeren, tiefgekühlt

1. *Pürieren und servieren.*

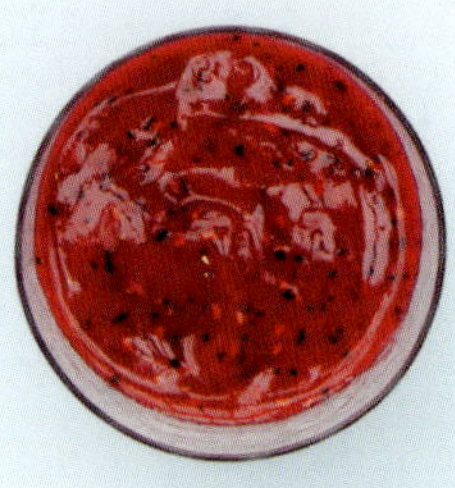

SMOOTHIE

aus Beeren (für 1 Person)

250 ml
kalte Milch

+

1 Kugel
Vanilleeis

+

120 g
Himbeeren,
tiefgekühlt

1. *Pürieren und servieren.*

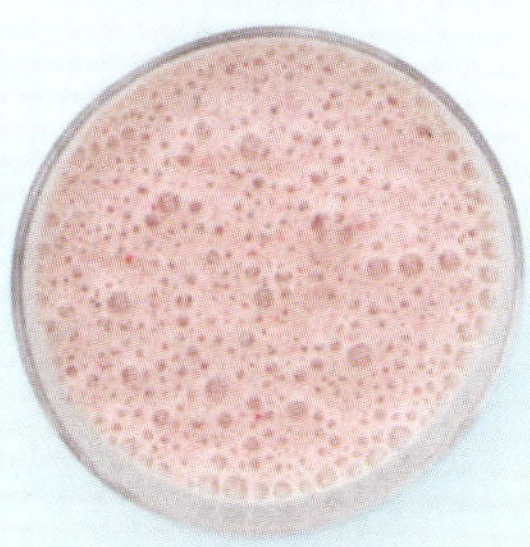

MILCHSHAKE

aus Himbeeren (für 1 Person)

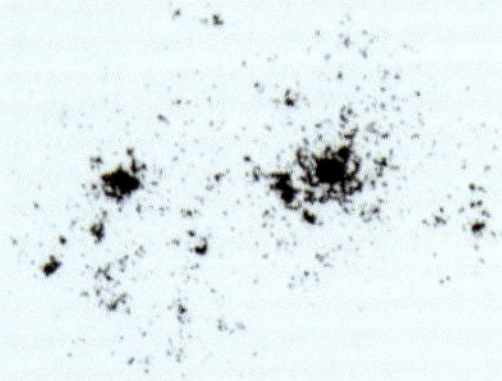

1 Prise
Vanillearoma

\+

250 ml
Milch

\+

1 Kugel
Vanilleeis

Pürieren und servieren.

1.

MILCHSHAKE

mit Vanille (für 1 Person)

4
Marshmallows

450 ml
Milch

+

150 g
Vollmilchschokolade

1. *Bei schwacher Temperatur aufkochen und auf 4 Becher verteilen.*

2. *Klein schneiden und auf die 4 Becher verteilen.*

HEISSE SCHOKOLADE

mit Marshmallows (für 4 Personen)

HEISSE SCHOKOLADE

WEISSE SCHOKOLADE

mit Gewürzen (für 4 Personen)

450 ml
Milch

+

150 g
weiße Schokolade

+

1 Prise
Vanillearoma

+

1 Prise
schwarzer Pfeffer

+

1 Prise
Zimtpulver

+

1 Prise
Muskat

1\. *Bei schwacher Temperatur zum Kochen bringen und auf 4 Becher verteilen.*

HEISSE SCHOKOLADE

mit Sahne (für 4 Personen)

2
Waffelröllchen, zerbröselt

4 Portionen
geschlagene Sahne

450 g
Milch

+

150 g
Zartbitterschokolade

1. *Bei schwacher Temperatur aufkochen und auf 4 Becher verteilen.*
2. *In jeden Becher 1 Portion füllen.*
3. *Auf die Becher verteilen.*

HEISSE SCHOKOLADE

REGISTER

Ahornsirup: Waffeln mit Heidelbeeren und Pfirsichen 19, Smoothie aus Bananen und Haferflocken 149

Altbackenes Brot: Arme Ritter 26

Ananas: Ananas-Carpaccio 95, Tartare aus exotischen Früchten 100, Obstsalat aus exotischen Früchten 103, Smoothie à la Piña Colada 148

Apfel: Crêpes mit Apfel und Haselnüssen 10, Apfel-Carpaccio 87, Honigkuchen-Toasts 90, Winterfrüchte aus dem Ofen 110, Apfelauflauf mit Zimt 111, Bratäpfel 115, Smoothie à la Apple Pie 146

Apfelkompott: Crêpes mit Apfel und Haselnüssen 10, Winterbecher mit Apfelkompott 142

Apfelsaft: Obstsalat aus exotischen Früchten 103, Smoothie aus Beeren 150

Aprikose: Crêpetaschen mit Aprikose und Sahne 15, Aprikosensuppe mit Basilikum 88, Aprikosen-Mousse 114, Aprikosensorbet mit Mandelmus 128, Smoothie aus Aprikosen, Orangen und Himbeeren 145

Armer Ritter: Arme Ritter mit Vanilleeis und Heidelbeeren 27, Arme Ritter mit Feigen und Walnüssen 28, Arme Ritter mit Beeren 29, Arme Ritter mit Banane und Nuss-Nugat-Creme 30

Backpflaumen: Energy Balls mit Pistazien und Kokos 120

Baiser: Mont Blanc reloaded 60, Baiser-Dessert im Glas 70, Pavlova mit Beeren 112, Eis mit Baiser und Beeren 133

Banane: Crêpes mit Banane und Müsli 11, Waffeln mit Banane und Sahne 21, Waffeln mit Schokokeks und Banane 22, Arme Ritter mit Banane und Nuss-Nugat-Creme 30, Tartelettes mit Bananen und Erdbeereis 51, Bananenspieße mit Schokolade und Walnüssen 82, Bananen mit knusprigem Karamell 85, Bananen im Pergamentmantel 97, Keksspieße mit Früchten 116, Bananeneis mit Erdnüssen 129, Joghurteis mit Bananen und Keksen 137, Smoothie aus Banane und Erdnusscreme 143, Smoothie aus Erdbeeren, Banane und Mango 144, Smoothie aus Erdbeeren und Kokosraspeln 147, Smoothie à la Piña Colada 148, Smoothie aus Bananen und Haferflocken 149

Basilikum: Himbeersuppe mit Pistazien 86, Aprikosensuppe mit Basilikum 88, Erdbeer-Carpaccio 94, Erdbeer-Mango-Obstsalat 98

Beeren: Crêpes mit gemischten Beeren 9, Arme Ritter mit Beeren 29, Schichtkäse mit Beerensauce 107, Pavlova mit Beeren 112, Eis mit Baiser und Beeren 133

Birne aus der Dose: Pain perdu mit Birne und Schokolade 34

Birne: Crêpes mit Birne und Schokolade 13, Birnen-Dessert im Glas 68, Birnen mit Milchkonfitüre 89, Birnen in Rotwein-Sud 99, Winterfrüchte aus dem Ofen 110

Birnenkompott: Crêpetaschen mit Birnen und Studentenfutter 16, Birnen-Dessert im Glas 68

Brauner Rum: Bananen im Pergamentmantel 97

Brauner Zucker: Himbeersuppe mit Pistazien 86

Brombeeren: Mug Cake mit Brombeeren 37, Eiswaffel mit Beeren und Sahne 118

Brownie: Birnen-Dessert im Glas 68

Butter, leicht gesalzen: Mug Cake mit gesalzenem Karamell 38, Mug Cake mit Schokolade 39, Mango mit Kokossauce 105

Butter: Crêpes 8, Arme Ritter 26, Pain perdu 31, Pain perdu mit gedünsteten Trauben 33, Mug Cake mit weißer Schokolade 36, Mug Cake mit Himbeeren 40, Bowl Cake mit Schokolade und Maronen 41, Bowl Cake mit Krokant und Milchkonfitüre 42, Bowl Cake mit Pekannuss und Karamell 43, Cornflakes-Kekse 45, Bananen im Pergamentmantel 97, Feigen mit Vanilleeis 106, Winterfrüchte aus dem Ofen 110, Apfelauflauf mit Zimt 111

Cashewkerne: Energy Balls mit Datteln 119

Chiasamen: Waffeln mit Himbeeren und Kiwi 23, Pflaumen auf Schafsmilchjoghurt 109

Clementine: Waffeln mit Clementinen 24, Pannacotta mit Clementinen 72, Obstsalat aus Zitrusfrüchten 104, Clementinen mit Schokoüberzug 108

Cornflakes: Cornflakes-Kekse 45

Kekse, leicht gezuckert: Tartelettes mit Maronencreme 49, Tartelettes mit Erdbeeren 50, Tartelettes mit Heidelbeeren 53

Cranberry: Mug Cake mit weißer Schokolade 36

Crêpe: Crêpes mit gemischten Beeren 9, Crêpes mit Apfel und Haselnüssen 10, Crêpes mit Banane und Müsli 11, Crêpes mit Nuss-Nugat-Creme und Karamell 12, Crêpes mit Birne und Schokolade 13, Crêpes Suzette 14, Crêpetaschen mit Aprikose und Sahne 15, Crêpetaschen mit Birnen und Studentenfutter 16

Dattel: Energy Balls mit Datteln 119

Drachenfrucht: Obstsalat aus exotischen Früchten 103

Dulce de Leche: Pain perdu mit Dulce de Leche 32, Apfel-Carpaccio 87, Birnen mit Dulce de Leche 89, Pekannusseis 127

Eis: Crêpes 8, Waffeln 17, Arme Ritter 26, Pain perdu 31, Mug Cake mit weißer Schokolade 36, Mug Cake mit gesalzenem Karamell 38, Mug Cake mit Schokolade 39, Mug Cake mit Himbeeren 40, Bowl Cake mit Schokolade und Maronen 41, Bowl Cake mit Krokant und Milchkonfitüre 42, Bowl Cake mit Pekannuss und Karamell 43, Brownies mit Nuss-Nugat-Creme 46, Kokoskugeln 48, Aprikosen-Mousse 114

Eiswaffel: Eiswaffel mit Beeren und Sahne 118

Erdbeere: Waffeln mit Erdbeeren und Sahne 25, Tartelettes mit Erdbeeren 50, Erdbeer-Dessert im Glas 64, Erdbeer-Cheesecake 65, Schokokeks-Dessert mit Erdbeeren 67, Erdbeer-Madeleine-Dessert im Glas 69, Erdbeer-Carpaccio 94, Sommerfrüchte im Pergamentmantel 96, Erdbeer-Mango-Obstsalat 98, Keksspieße mit Früchten 116, Eiswaffel mit Beeren und Sahne 118, Erdbeereis mit Mascarpone 130, Kokoseis mit Erdbeeren und Minze 138, Smoothie aus Erdbeeren, Banane und Mango 144, Smoothie aus Erdbeeren und Kokosraspeln 147, Smoothie aus Beeren 150

Erdbeereis: Tartelettes mit Bananen und Erdbeereis 51, Pfirsich Melba mit Himbeeren 141

Erdnuss: Bananeneis mit Erdnüssen 129

Erdnusscreme: Honigkuchen-Toasts 90, Smoothie aus Banane und Erdnusscreme 143

Feige: Arme Ritter mit Feigen und Walnüssen 28, Feigen mit Vanilleeis 106

Flüssige Sahne: Tartelettes mit Maronencreme 49, Tartelettes mit Heidelbeeren 53, Windbeutel mit Spekulatiuscreme 61, Pannacotta 71, Himbeer-Mousse 73, Nuss-Nugat-Mousse 74, Tiramisu mit Himbeeren 113, Joghurteis mit Knuspermüsli 121, Pekannusseis 127, Bananeneis mit Erdnüssen 129

Frischkäse: Tartelettes mit Maronencreme 49, Erdbeer-Cheesecake 65

Gehackte Haselnüsse: Crêpes mit Apfel und Haselnüssen 10, Crêpes mit Birne und Schokolade 13, Kuchenwürfel mit Haselnüssen 56, Mikado-Stäbchen 63, Nuss-Nugat-Mousse 74

Gehobelte Mandeln, geröstet: Crêpetaschen mit Aprikose und Sahne 15, Waffeln mit Maronencreme 18, Karamell-Pfirsich im Glas 83, Birnen mit Milchkonfitüre 89, Pflaumen auf Schafsmilchjoghurt 109

Gelatine: Pannacotta 71

Gemahlene Mandeln: Bratäpfel 115

Geschlagene Sahne: Crêpes mit Apfel und Haselnüssen 10, Crêpetaschen mit Aprikose und Sahne 15, Waffeln mit Maronencreme 18, Waffeln mit Banane und Sahne 21, Waffeln mit Schokokeks und Banane 22, Waffeln mit Clementinen 24, Waffeln mit Erdbeeren und Sahne 25, Pain perdu mit Milchkonfitüre 32, Tartelettes mit Bananen und Erdbeereis 51, Tartelettes mit Mokkaeis 52, Keks-Creme mit Lemon Curd 54, Mont Blanc reloaded 60, Windbeutel mit Erdbeer-Pistazien-Füllung 62, Johannisbeer-Dessert im Glas 66, Schokokeks-Dessert mit Erdbeeren 67, Baiser-Dessert im Glas 70, Karamell-Pfirsich im Glas 83, Himbeer-Pastetchen 92, Winterfrüchte aus dem Ofen 110, Pavlova mit Beeren 112, Eiswaffel mit Beeren und Sahne 118, Eis mit Baiser und Beeren 133, Vanilleeis mit Himbeeren und Müsli 136, Joghurteis mit Bananen und Keksen 137, Kokoseis mit Erdbeeren und Minze 138, Schokoladeneis mit Cookies 139, Vanille-Nuss-Eis mit Karamell 140, Pfirsich Melba mit Himbeeren 141, Heiße Schokolade mit Sahne 155

Gesüßter Quark, Vollfettstufe: Mont Blanc reloaded 60, Mangoeis am Stiel 134

Gezuckerte Kondensmilch: Schokokugeln 47, Pekannusseis 127

Gojibeere: Smoothie aus Erdbeeren und Kokosraspeln 147

Granatapfel: Pain perdu mit Mangoeis 35, Litschis in Sirup 101

Griechischer Joghurt: Joghurteis mit Knuspermüsli 121, Joghurteis mit Kokos 122, Joghurteis mit Honig 123, Joghurteis mit Pistazien 124, Joghurteis mit Heidelbeeren 125

Grissini: Grissini mit Schokolinsen 44, Mikado-Stäbchen 63

Haferflocken: Smoothie aus Bananen und Haferflocken 149

Heidelbeeren: Waffeln mit Heidelbeeren und Pfirsichen 19, Arme Ritter mit Vanilleeis und Heidelbeeren 27, Tartelettes mit Heidelbeeren 53, Joghurteis mit Heidelbeeren 125, Smoothie aus Beeren 150

Himbeere: Waffeln mit Himbeeren und Kiwi 23, Mug Cake mit Himbeeren 40, Windbeutel mit Himbeer-Pistazien-Füllung 62, Himbeer-Mousse 73, Himbeer-Mousse 73, Himbeersuppe mit Pistazien 86, Himbeer-Pastetchen 92, Sommerfrüchte im Pergamentmantel 96, Tiramisu mit Himbeeren 113, Joghurteis mit Pistazien 124, Himbeersorbet 126, Vanilleeis mit Himbeeren und Müsli 136, Pfirsich Melba mit Himbeeren 141, Smoothie aus Aprikosen, Orangen und Himbeeren 145, Smoothie aus Beeren 150, Milchshake aus Himbeeren 151

Himbeerkonfitüre: Crêpes mit gemischten Beeren 9

Honig: Crêpes mit Banane und Müsli 11, Crêpetaschen mit Birnen und Studentenfutter 16, Arme Ritter mit Feigen und Haselnüssen 28, Pain perdu mit gedünsteten Trauben 33, Obstsalat aus Zitrusfrüchten 104, Pflaumen auf Schafsmilchjoghurt 109, Winterfrüchte aus dem Ofen 110, Apfelauflauf mit Zimt 111, Bratäpfel 115, Joghurteis mit Pistazien 124, Himbeersorbet 126, Aprikosensorbet mit Mandelmus 128, Erdbeereis mit Mascarpone 130

Honigkuchen: Honigkuchen-Toasts 90, Mango mit Honigkuchen 117, Winterbecher mit Apfelkompott 142

Ingwer: Melonen-Gazpacho mit Johannisbeeren 91

Johannisbeeren: Johannisbeer-Dessert im Glas 66, Melonen-Gazpacho mit Johannisbeeren 91, Sommerfrüchte im Pergamentmantel 96, Eiswaffel mit Beeren und Sahne 118

Kakao: Waffeln mit Maronencreme 18, Tartelettes mit Mokkaeis 52, Maronen-Mousse 77, Bananeneis mit Erdnüssen 129

Kandierte Maronen: Tartelettes mit Maronencreme 49

Karamellsauce: Karamell-Pfirsich im Glas 83, Bananen mit knusprigem Karamell 85

Karamellschokolade: Bowl Cake mit Pekannuss und Karamell 43

Kardamom: Aprikosensuppe mit Basilikum 88, Birnen in Rotwein-Sud 99

Keks mit Schokoladenstücken: Tartelettes mit Bananen und Erdbeereis 51, Eis-Kekse mit Schokostreuseln 132, Kokoseis mit Erdbeeren und Minze 138

Kekse, mit Milchschokolade überzogen: Bananen mit knusprigem Karamell 85, Joghurteis mit Kokos 122

Kirschen aus dem Glas: Schwarzwaldbecher reloaded 58

Kiwi: Waffeln mit Himbeeren und Kiwi 23, Kokoscreme mit Kiwi 80, Kiwispieße mit Schokolade und Sesam 81, Tartare aus exotischen Früchten 100, Keksspieße mit Früchten 116

Knuspermüsli: Joghurteis mit Knuspermüsli 121

Kokosmilch: Kokos-Mango-Creme 76, Kokoscreme mit Kiwi 80, Mango mit Kokossauce 105, Joghurteis mit Kokos 122, Smoothie à la Piña Colada 148

Kokoseis: Kokoseis mit Erdbeeren und Minze 138

Kokosraspel: Waffeln mit Banane und Sahne 21, Kokoskugeln 48, Kuchenwürfel mit weißer Schokolade 55, Madeleines mit Schokolade und Kokos 59, Energy Balls mit Pistazien und Kokos 120, Smoothie aus Erdbeeren und Kokosraspeln 147

Konditorcreme: Tartelettes mit Erdbeeren 50, Erdbeer-Dessert im Glas 64

Krokant: Crêpes mit Nuss-Nugat-Creme und Karamell 12, Crêpes mit Nuss-Nugat-Creme und Karamell 12, Schokoladen-Mousse mit Knusperstückchen 79

Kuchen: Kuchenwürfel mit weißer Schokolade 55, Kuchenwürfel mit Haselnüssen 56

Lemon Curd: Keks-Creme mit Lemon Curd 54

Likörwein: Aprikosensuppe mit Basilikum 88

Limette: Keks-Creme mit Lemon Curd 54, Himbeersuppe mit Pistazien 86, Tartare aus exotischen Früchten 100

Litschi: Litschis in Sirup 101

Löffelbiskuit: Erdbeer-Dessert im Glas 64

Madeleine: Madeleines mit Schokolade und Kokos 59, Erdbeer-Madeleine-Dessert im Glas 69

Mandelmilch: Smoothie à la Apple Pie 146, Smoothie aus Bananen und Haferflocken 149

Mandelmus: Aprikosensorbet mit Mandelmus 128

Mango: Kokos-Mango-Creme 76, Erdbeer-Mango-Obstsalat 98, Tartare aus exotischen Früchten 100, Mango mit Kokossauce 105, Winterfrüchte aus dem Ofen 110, Mango mit Honigkuchen 117, Mangoeis am Stiel 134, Smoothie aus Erdbeeren, Banane und Mango 144

Mangoeis: Pain perdu mit Mangoeis 35

Maronen-Mousse: Maronen-Mousse 77

Maronencreme: Waffeln mit Maronencreme 18, Bowl Cake mit Schokolade und Maronen 41, Bowl Cake mit Krokant und Milchkonfitüre 42, Tartelettes mit Maronencreme 49, Mont Blanc reloaded 60

Marshmallow: Heiße Schokolade mit Marshmallows 153

Mascarpone: Crêpes mit gemischten Beeren 9, Waffeln mit Himbeeren und Kiwi 23, Tartelettes mit Heidelbeeren 53, Tiramisu mit Himbeeren 113, Erdbeereis mit Mascarpone 130

Mehl: Crêpes 8, Waffeln 17, Mug Cake mit weißer Schokolade 36, Mug Cake mit Brombeeren 37, Mug Cake mit gesalzenem Karamell 38, Mug Cake mit Schokolade 39, Mug Cake mit Himbeeren 40, Bowl Cake mit Schokolade und Maronen 41, Bowl Cake mit Krokant und Milchkonfitüre 42, Bowl Cake mit Pekannuss und Karamell 43, Brownies mit Nuss-Nugat-Creme 46

Melone: Melonen-Gazpacho mit Johannisbeeren 91

Milch: Crêpes 8, Arme Ritter 26, Pain perdu 31, Bowl Cake mit Krokant und Milchkonfitüre 42, Bowl Cake mit Pekannuss und Karamell 43, Kokos-Mango-Creme 76, Kokoscreme mit Kiwi 80, Erdbeereis mit Mascarpone 130, Smoothie aus Banane und Erdnusscreme 143, Milchshake aus Himbeeren 151, Milchshake mit Vanille 152

Milchkonfitüre: Pain perdu mit Milchkonfitüre 32, Apfel-Carpaccio 87, Birnen mit Milchkonfitüre 89, Pekannusseis 127

Milchschokolade: Crêpetaschen mit Aprikose und Sahne 15, Cornflakes-Kekse 45, Heiße Schokolade mit Marshmallows 153

Milchschokoladen-Kugeln: Baiser-Dessert im Glas 70

Mini-Pastetchen: Himbeer-Pastetchen 92

Minze: Melonen-Gazpacho mit Johannisbeeren 91, Tartare aus exotischen Früchten 100, Litschis in Sirup 101, Mango mit Honigkuchen 117, Kokoseis mit Erdbeeren und Minze 138

Minzeis: Windbeutel mit Minzschokolade 135

Mokkaeis: Tartelettes mit Mokkaeis 52

Mousse au chocolat: Schwarzwaldbecher reloaded 58, Schokoladen-Mousse mit Knusperstückchen 79

Mürbeteigkeks: Keks-Creme mit Lemon Curd 54, Joghurteis mit Bananen und Keksen 137, Pfirsich Melba mit Himbeeren 141

Mürbeteigkekse mit Mohn: Johannisbeer-Dessert im Glas 66

Muskat: Weiße Schokolade mit Gewürzen 154

Müsli: Crêpes mit Banane und Müsli 11, Himbeerquark im Glas 84, Vanilleeis mit Himbeeren und Müsli 136

Nektarine: Nektarinen-Pannacotta 78, Nektarinen in Teesud 102

Nuss-Nugat-Creme: Crêpes mit Nuss-Nugat-Creme und Karamell 12, Arme Ritter mit Banane und Nuss-Nugat-Creme 30, Brownies mit Nuss-Nugat-Creme 46, Nuss-Nugat-Mousse 74

Olivenöl: Erdbeer-Carpaccio 94, Erdbeer-Mango-Obstsalat 98, Obstsalat aus Zitrusfrüchten 104

Orange: Obstsalat aus Zitrusfrüchten 104

Orangen-Zimt-Tee: Nektarinen in Teesud 102

Orangenblütenhonig: Joghurteis mit Honig 123

Orangenlikör: Crêpes Suzette 14

Orangenmarmelade: Crêpes Suzette 14

Orangensaft: Smoothie aus Aprikosen, Orangen und Himbeeren 145

Schokokeks: Schwarzwaldbecher reloaded 58, Schokokeks-Dessert mit Erdbeeren 67

Pain perdu: Pain perdu mit Milchkonfitüre 32, Pain perdu mit gedünsteten Trauben 33, Pain perdu mit Birne und Schokolade 34, Pain perdu mit Mangoeis 35

Palets bretons: Erdbeer-Cheesecake 65

Pampelmuse: Pampelmusen-Carpaccio 93, Obstsalat aus Zitrusfrüchten 104

Pannacotta: Pannacotta mit Clementinen 72, Pannacotta mit Passionsfrucht 75, Nektarinen-Pannacotta 78

Passionsfrucht: Pannacotta mit Passionsfrucht 75, Kokoscreme mit Kiwi 80, Tartare aus exotischen Früchten 100, Mango mit Kokossauce 105

Pekannüsse: Waffeln mit Banane und Sahne 21, Pain perdu mit Milchkonfitüre 32, Bowl Cake mit Pekannuss und Karamell 43, Maronen-Mousse 77, Pekannusseis 127, Smoothie à la Apple Pie 146

Pfirsich aus der Dose: Waffeln mit Heidelbeeren und Pfirsichen 19, Karamell-Pfirsich im Glas 83, Pfirsich Melba mit Himbeeren 141

Pflanzenöl: Mug Cake mit Brombeeren 37

Pflaume: Pflaumen auf Schafsmilchjoghurt 109

Pistazie: Tartelettes mit Erdbeeren 50, Windbeutel mit Erdbeer-Pistazien-Füllung 62, Pannacotta mit Clementinen 72, Nektarinen-Pannacotta 78, Himbeersuppe mit Pistazien 86, Clementinen mit Schokoüberzug 108, Aprikosen-Mousse 114, Energy Balls mit Pistazien und Kokos 120, Joghurteis mit Pistazien 124, Pistazieneis am Stiel 131

Pistazienjoghurt: Pistazieneis am Stiel 131

Puderzucker: Erdbeer-Cheesecake 65, Erdbeer-Carpaccio 94, Pavlova mit Beeren 112, Tiramisu mit Himbeeren 113, Joghurteis mit Knuspermüsli 121

Quark, 40% Fettgehalt: Quark mit Schokolade und Walnüssen 57, Birnen-Dessert im Glas 68, Erdbeer-Madeleine-Dessert im Glas 69, Himbeerquark im Glas 84, Bananen mit knusprigem Karamell 85

Rohrohrzucker: Waffeln mit Himbeeren und Kiwi 23

Rohrzucker: Mug Cake mit weißer Schokolade 36, Tartelettes mit Heidelbeeren 53, Ananas-Carpaccio 95, Sommerfrüchte im Pergamentmantel 96, Bananen im Pergamentmantel 97, Tartare aus exotischen Früchten 100, Mango mit Kokossauce 105, Feigen mit Vanilleeis 106, Schichtkäse mit Beerensauce 107

Rosinen: Energy Balls mit Datteln 119

Rotwein: Birnen in Rotwein-Sud 99

Salziger Karamell: Crêpes mit Nuss-Nugat-Creme und Karamell 12, Waffeln mit Clementinen 24, Vanilleeis mit Himbeeren und Müsli 136, Mug Cake mit gesalzenem Karamell 38, Vanille-Nuss-Eis mit Karamell 140

Schafsmilchjoghurt: Pflaumen auf Schafsmilchjoghurt 109

Schichtkäse: Schichtkäse mit Beerensauce 107

Schokoladen-Keksstäbchen: Keksspieße mit Früchten 116

Schokoladeneis: Schokoladeneis mit Cookies 139

Schokoladenkeks: Tartelettes mit Mokkaeis 52, Schokoladeneis mit Cookies 139

Schokoladensauce: Joghurteis mit Kokos 122, Schokoladeneis mit Cookies 139

Schokoladenstreusel: Waffeln mit Erdbeeren und Sahne 25, Tartelettes mit Maronencreme 49, Joghurteis mit Bananen und Keksen 137, Winterbecher mit Apfelkompott 142

Schokoladentröpfchen: Mug Cake mit gesalzenem Karamell 38, Johannisbeer-Dessert im Glas 66, Apfel-Carpaccio 87, Pistazieneis am Stiel 131, Eis-Kekse mit Schokostreuseln 132, Vanille-Nuss-Eis mit Karamell 140

Schwarzer Bergamotte-Tee: Pampelmusen-Carpaccio 93

Schwarzer Pfeffer: Birnen in Rotwein-Sud 99, Weiße Schokolade mit Gewürzen 154

Sesam: Kiwispieße mit Schokolade und Sesam 81, Energy Balls mit Datteln 119

Schokolinsen: Grissini mit Schokolinsen 44

Sonnenblumenöl: Waffeln 17

Spekulatius: Pain perdu mit Birne und Schokolade 34, Pannacotta mit Passionsfrucht 75, Tiramisu mit Himbeeren 113, Bratäpfel 115

Spekulatiuscreme: Windbeutel mit Spekulatiuscreme 61

Studentenfutter: Crêpetaschen mit Birnen und Studentenfutter 16

Tapiokastärke: Kokos-Mango-Creme 76, Kokoscreme mit Kiwi 80

Vanille-Pekannuss-Eis: Eis-Kekse mit Schokostreuseln 132, Vanille-Nuss-Eis mit Karamell 140

Vanillearoma: Waffeln 17, Erdbeer-Mango-Obstsalat 98, Joghurteis mit Pistazien 124, Smoothie à la Apple Pie 146, Milchshake mit Vanille 152, Weiße Schokolade mit Gewürzen 154

Vanilleeis: Arme Ritter mit Vanilleeis und Heidelbeeren 27, Feigen mit Vanilleeis 106, Eis mit Baiser und Beeren 133, Vanilleeis mit Himbeeren und Müsli 136, Winterbecher mit Apfelkompott 142, Milchshake aus Himbeeren 151

Vanilleeis: Milchshake mit Vanille 152

Vanillejoghurt: Waffeln mit Heidelbeeren und Pfirsichen 19

Vanilleschote: Pannacotta 71, Ananas-Carpaccio 95, Sommerfrüchte im Pergamentmantel 96

Vanillezucker: Crêpes 8, Quark mit Schokolade und Walnüssen 57, Erdbeer-Madeleine-Dessert im Glas 69, Schichtkäse mit Beerensauce 107

Verbene: Sommerfrüchte im Pergamentmantel 96, Nektarinen in Teesud 102

Vier-Gewürz-Mischung: Bratäpfel 115

Vollmilch: Heiße Schokolade mit Marshmallows 153, Weiße Schokolade mit Gewürzen 154, Heiße Schokolade mit Sahne 155

Vollmilchschokolade: Crêpetaschen mit Aprikose und Sahne 15, Cornflakes-Kekse 45, Heiße Schokolade mit Marshmallows 153

Waffel: Waffeln mit Maronencreme 18, Waffeln mit Heidelbeeren und Pfirsichen 19, Waffeln am Stiel mit Schokolade 20, Waffeln mit Banane und Sahne 21, Waffeln mit Schokokeks und Banane 22, Waffeln mit Himbeeren und Kiwi 23, Waffeln mit Clementinen 24, Waffeln mit Erdbeeren und Sahne 25

Waffelröllchen: Schokoladen-Mousse mit Knusperstückchen 79, Heiße Schokolade mit Sahne 155

Walnüsse: Arme Ritter mit Feigen und Walnüssen 28, Quark mit Schokolade und Walnüssen 57, Bananenspieße mit Schokolade und Walnüssen 82

Weintrauben: Pain perdu mit gedünsteten Trauben 33, Obstsalat aus exotischen Früchten 103

Weiße Schokolade: Mug Cake mit weißer Schokolade 36, Mug Cake mit Himbeeren 40, Kuchenwürfel mit weißer Schokolade 55, Weiße Schokolade mit Gewürzen 154

Windbeutel: Windbeutel mit Spekulatiuscreme 61, Windbeutel mit Erdbeer-Pistazien-Füllung 62, Windbeutel mit Minzschokolade 135

Zartbitterschokolade: Crêpes mit Birne und Schokolade 13, Crêpes Suzette 14, Waffeln am Stiel mit Schokolade 20, Waffeln mit Banane und Sahne 21, Waffeln mit Schokokeks und Banane 22, Pain perdu mit Birne und Schokolade 34, Mug Cake mit Schokolade 39, Bowl Cake mit Schokolade und Maronen 41, Bowl Cake mit Krokant und Milchkonfitüre 42, Grissini mit Schokolinsen 44, Schokokugeln 47, Kuchenwürfel mit Haselnüssen 56, Quark mit Schokolade und Walnüssen 57, Schwarzwaldbecher reloaded 58, Madeleines mit Schokolade und Kokos 59, Mikado-Stäbchen 63, Pannacotta mit Clementinen 72, Himbeer-Mousse 73, Kiwispieße mit Schokolade und Sesam 81, Bananenspieße mit Schokolade und Walnüssen 82, Apfel-Carpaccio 87, Clementinen mit Schokoüberzug 108, Pekannusseis 127, Windbeutel mit Minzschokolade 135, Vanille-Nuss-Eis mit Karamell 140, Smoothie aus Aprikosen, Orangen und Himbeeren 145

Zimt: Birnen in Rotwein-Sud 99, Apfelauflauf mit Zimt 111, Smoothie à la Apple Pie 146, Smoothie aus Bananen und Haferflocken 149, Weiße Schokolade mit Gewürzen 154

Zitrone: Waffeln mit Clementinen 24, Himbeersorbet 126

Zitronensaft: Erdbeer-Carpaccio 94, Aprikosen-Mousse 114

Zucker: Arme Ritter 26, Arme Ritter mit Beeren 29, Pain perdu 31, Mug Cake mit Brombeeren 37, Mug Cake mit gesalzenem Karamell 38, Mug Cake mit Schokolade 39, Mug Cake mit Himbeeren 40, Bowl Cake mit Schokolade und Maronen 41, Bowl Cake mit Krokant und Milchkonfitüre 42, Bowl Cake mit Pekannuss und Karamell 43, Kokoskugeln 48, Pannacotta 71, Kokos-Mango-Creme 76, Kokoscreme mit Kiwi 80, Himbeerquark im Glas 84, Pampelmusen-Carpaccio 93, Birnen in Rotwein-Sud 99, Litschis in Sirup 101, Nektarinen in Teesud 102, Aprikosen-Mousse 114, Joghurteis mit Kokos 122, Joghurteis mit Honig 123, Joghurteis mit Heidelbeeren 125

Impressum

Für die deutsche Ausgabe:
Übersetzung aus dem Französischen: Dr. Katrin Korch, Literatur und mehr UG
Lektorat und Produktmanagement: Christine Rauch
Covergestaltung und Satz: Arnold & Domnick, Leipzig

Die Originalausgabe erschien 2018 unter dem Titel *Desserts en un clin d'oeil* bei Hachette Livre.

1. Auflage 2019

ISBN: 978-3-7724-8066-9 • Best.-Nr. 8066

Printed in Spain